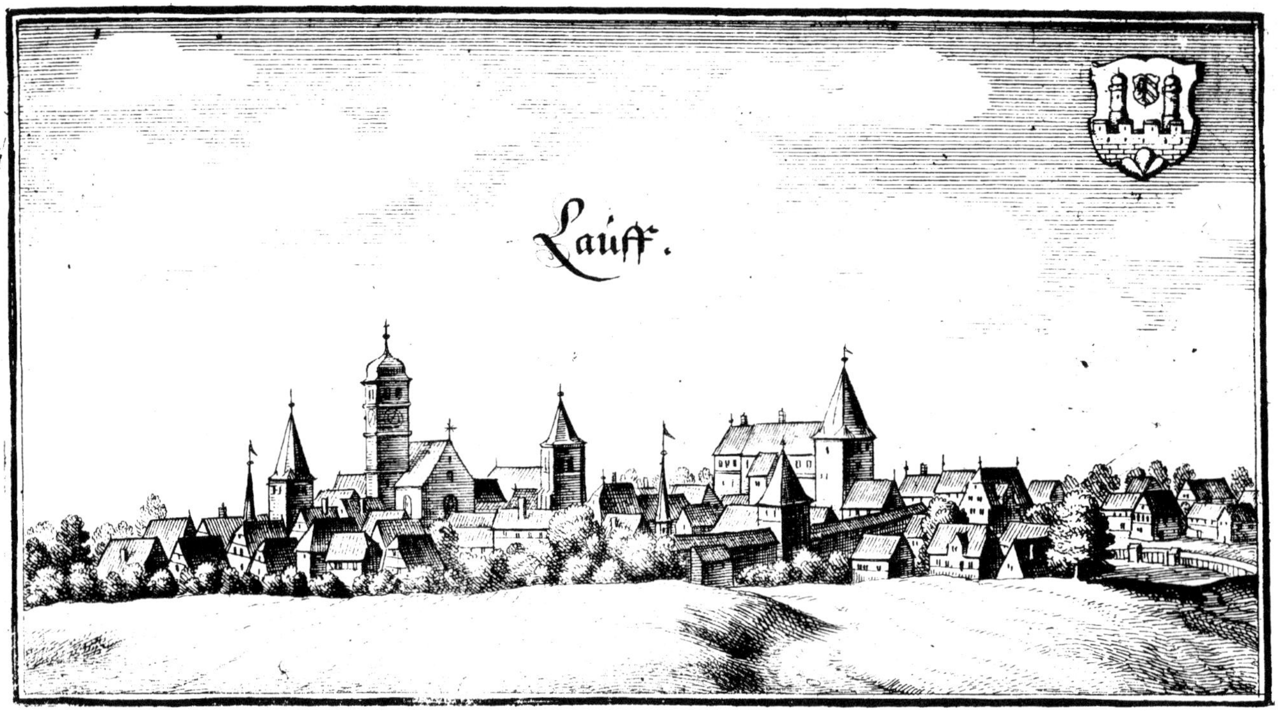

Ansicht der Stadt Lauf.
Aus: Topographia Franconiae. Das ist, Beschreibung, und eigentliche Contrafactur der vornehmsten Städte und Plätze des Frankenlandes ... Von Matthäus Merian (1593-1650). Frankfurt am Main, 1684 (Städtische Sammlungen Lauf).

Fürstendienst und Bürgerfreiheit

Fünf Kapitel
der Laufer Geschichte

Ewald Glückert

Zeiten**Lauf** Band 1
Publikationen zur Stadtgeschichte

Herausgegeben von der
Stadt Lauf a.d. Pegnitz

Vorwort

Es war der schnelle Lauf der Pegnitz, der vor etwa 900 Jahren Lauf seinen Namen gegeben hat, und es war der Lauf der Zeit, in dem sich diese Stadt und ihre Bewohner den sich wandelnden Herrschafts- und Gesellschaftsstrukturen zu stellen hatten. Bereits das von historischen Bauten geprägte Stadtbild zeigt auf, dass Lauf reich ist an Geschichte und Geschichten.

„ZeitenLauf" lautet der Titel der neuen Schriftenreihe des Stadtarchivs Lauf an der Pegnitz, mit der nach langer Unterbrechung eine Tradition fortgesetzt wird, die bereits vor dem Zweiten Weltkrieg mit der Veröffentlichung von vier heimat- und regionalgeschichtlichen Arbeiten im Selbstverlag des Stadtarchivs bestand. Mit der neuen Reihe soll auch versucht werden, die Geschichtsschreibung Laufs fortzuführen und auf dem Hintergrund neuer Erkenntnisse zu ergänzen, nachdem 1898 letztmals eine umfassende „Geschichte der Stadt Lauf" aus der Feder des damals in Lauf tätigen Amtsrichters Karl Sauer erschienen ist. Die von der Stadtverwaltung herausgegebene Reihe ermöglicht es dem Archiv, einer seiner wichtigsten Aufgaben nachzukommen: der Auswertung und Veröffentlichung der in seinen Beständen verwahrten schriftlichen, bildlichen und gegenständlichen Quellen. Sie geben Auskunft über wichtige historische Ereignisse und Zusammenhänge, über die Bewohner und das Alltagsleben, und sie zeigen die Entwicklung der unverwechselbaren „Stadtpersönlichkeit" auf. Eine Reihe von Beiträgen, die in „ZeitenLauf" erscheinen werden, sind ursprünglich als Vortragsmanuskripte des Stadtarchivs entstanden und werden für die Schriftenreihe überarbeitet und erweitert.

Der Inhalt des ersten Bandes möchte grundlegende Informationen zur Vergangenheit Laufs vermitteln. Er führt von den mittelalterlichen Anfängen des Ortes bis zur industriellen Entwicklung der Neuzeit und schlägt damit die großen Kapitel der Stadtgeschichte auf.: Die Verleihung des Freiheitsbriefes durch den bayerischen Herzog Rudolf I. 1298, die mittelalterliche Blütezeit der Stadt unter Karl IV. 1353 bis 1373 und die Entwicklung im 19. und frühen 20. Jahrhundert, als sich der Wandel von der Ackerbürgerstadt zur modernen Industriestadt vollzog. Andere wichtige Kapitel im Zeitenlauf der Stadtgeschichte, wie die über dreihundertjährige Epoche der Zugehörung zur Freien Reichsstadt Nürnberg oder die bewegten Jahrzehnte des 20. Jahrhunderts nach Ende des Ersten Weltkrieges werden nur kurz erwähnt, ihre Darstellung und Würdigung bleibt späteren Bänden vorbehalten. „ZeitenLauf“ versteht sich somit nicht als eine fortlaufende Stadtchronik, vielmehr steht jeder Beitrag für sich in der zusammenfassenden Betrachtung ganzer Zeitabschnitte oder in der Einzeldarstellung von Ereignissen, Personen, öffentlichen Einrichtungen und Gebäuden. Wie gesagt, Lauf und sein im Zuge der Eingemeindungen beträchtlich erweitertes Stadtgebiet sind reich an Geschichte und Geschichten. „ZeitenLauf“ möchte dazu einladen, sich mit dieser Geschichte zu beschäftigen und damit den Charakter dieser Stadt besser zu verstehen.

Lauf a.d. Pegnitz
im Herbst 2001

Ewald Glückert

Inhalt

Laufe – Lauffen – Lauf an der Pegnitz

800 Jahre Stadtgeschichte im Überblick

Nach einem Lichtbildervortrag „Lauf – eine Nürnberger Landstadt“, gehalten bei der Jahrestagung der Gesellschaft für Fränkische Geschichte in Lauf am 20. September 1991

Viele historische, aber auch moderne öffentliche Gebäude der Stadt Lauf tragen an der Fassade oder im Innern das Stadtwappen. Es zeigt über einem Mauerkranz zwei Wehrtürme, die das sogenannte Kleine Nürnberger Stadtwappen flankieren. Dieses „Wappen im Wappen“ erinnert an die Jahrhunderte währende Zugehörigkeit Laufs zum Territorium der Freien Reichsstadt Nürnberg. Man darf sich dadurch aber nicht täuschen lassen, denn die Vergangenheit Laufs wurde nicht nur durch die über 300-jährige Nürnberger Zeit geprägt. Dank der steten Aufwärtsentwicklung seit der Mitte des 19. Jahrhunderts wandelte sich Lauf von der kleinen Nürnberger Landstadt zur zentralen Kreisstadt des Nürnberger Landes.

Es gab mehrere Nürnberger Landstädte: Da sind die Kleinstädte wie Betzenstein, Velden und Gräfenberg, da ist das alte Hersbruck, Mittelpunkt eines großen, von reicher bäuerlicher Kultur geprägten Umlandes, da ist Altdorf, einst Sitz der bedeutenden reichsstädtischen Universität. Diese Nürnberger Landstädte sind sich in vielem ähnlich, und doch hat jeder Ort sein eigenes Gesicht, seinen eigenen geschichtlichen Werdegang, der weder mit dem Übergang in Nürnberger Besitz 1504 begann, noch mit dem Ende der Reichsstadtherrlichkeit 1806 abschloss. So hat auch Lauf seine eigene Prägung erfahren, zu der vor allem drei Landesherren – Bayern, Böhmen und Nürnberg – beigetragen haben.

In der Tat war Lauf im Gang seiner Geschichte immer ein landesherrliches Gemeinwesen, das kommt schon im Bau des Schlosses zum Ausdruck, das sich auch heute noch im Besitz des Landes, des Freistaats Bayern, befindet. Das Schloss, besser gesagt die Burg, spielte auch bereits bei den mittelalterlichen Anfängen der Siedlung Lauf eine wichtige Rolle.

Webstuhlgewichte aus der späten Bronzezeit, gefunden 1934 in der Kunigundensiedlung (Städt. Sammlungen Lauf)

Dass die Laufer Gegend bereits in vorgeschichtlicher Epoche besiedelt war, zeigen Funde der Bronzezeit ab 1600 vor Christus im Bereich der zum Stadtgebiet gehörenden Ortschaften Wetzendorf, Simonshofen und Dehnberg sowie die aufschlussreiche Entdeckung von Webstuhlgewichten in der Kunigundensiedlung, die nach Meinung der Archäologen Bestandteil eines Weiheopfers waren.

Im Vergleich dazu ist die erste urkundliche Nennung Laufs in geschichtlicher Zeit – 1243 „Laufe" – eher spät erfolgt, wenn man die Erwähnung der Nachbarorte Ottensoos (903), Schnaittach (1011) oder Schönberg (1052) in Betracht zieht. Trotzdem gibt es stichhaltige Anzeichen dafür, dass wir das Bestehen Laufs weiter zurückdatieren können als bis zu der eher zufälligen Nennung von 1243. Gerade der Ufersaum entlang der Pegnitz war früher und stärker besiedelt als das

Blick auf das 1. Pegnitzwehr, dahinter die Wasserbrücke, flankiert vom Turm der Spitalkirche und vom Wenzelschloss, Aufnahme ca. 1910 (Stadtarchiv Lauf)

unmittelbar südlich und nördlich anschließende Waldgebiet, das wir heute als Lorenzer und Sebalder Reichswald bezeichnen. Zudem liegt Lauf an einer Stelle, die sich verkehrsgünstig und dank ihrer topographischen Beschaffenheit geradezu für eine Siedlung anbot. Noch die Karten des frühen 16. Jahrhunderts zeigen eine alte Nord-Süd-Verbindung, einen Straßenzug, der die Pfalz Forchheim mit der Herzogs- und Bischofsstadt Regensburg über die Reichsgüter an der Erlanger Schwabach und um Altdorf verband. Gerade bei Lauf überquerte er die Pegnitz an einer Stelle, die sich wohl ursprünglich als Furt anbot und erst im späten Mittelalter durch eine Brücke ersetzt wurde. Gerade die ältesten Siedlungsteile, die einst dörflich geprägten Anwesen zwischen der heutigen Johanniskirche und dem Flussufer, lagen zu beiden Seiten dieser Straße, die hier den

Abhang zum Pegnitzübergang hinunterführt. Jenseits, auf dem südlichen Ufer, kreuzte dieser Verkehrsweg eine dem Pegnitztal folgende West-Ost-Verbindung, die von Nürnberg über den alten königlichen Wirtschaftshof Mögeldorf in Richtung Ottensoos, Henfenfeld und Hersbruck verlief und auch heute noch teilweise für den Verkehr genutzt wird. Während dieses Altstraßennetz bereits im Mittelalter durch andere Verkehrsführungen an Bedeutung verlor, war eine andere Besonderheit weitaus länger für den Ort und seine Entwicklung zu einem modernen Industriezentrum an der unteren Pegnitz ausschlaggebend: das Gefälle der Pegnitz, das an keiner anderen Stelle auf dem Weg zwischen der Quelle bei Pegnitz und der Mündung bei Fürth so stark ausgeprägt ist. In Lauf fällt der Fluss auf einer Länge von einem halben Kilometer um ganze sechs Meter ab!
Die sich hier entwickelnde Wasserkraft, die in späteren Jahrhunderten in einzigartiger Weise zur Ansiedlung einer beachtlichen Frühindustrie führte, wurde schon frühzeitig genutzt, denn bereits die älteste Laufer Beschreibung im bayerischen Salbuch von ca. 1275 nennt vier Getreidemühlen, die ein weites Umland versorgten. Für die spätere Ausweitung der wasserbetriebenen Werke auf die Verarbeitung von Eisenerz aus der Oberpfalz boten sich die benachbarten Waldungen mit den notwendigen Holzreserven zur Gewinnung von Holzkohle als äußerst günstig an. Mit Sicherheit darf die Flussschnelle der Pegnitz als wichtigste Ursache für die Entstehung der Siedlung Lauf bezeichnet werden, denn diese günstige topographische Gegebenheit fand für alle Zeiten Eingang in den Ortsnamen, der sich von mittelhochdeutsch „loufe“ (Wasserfall) ableitet und entsprechend auch in Ortsnamen wie Laufen an der Salzach, Lauffen am Neckar oder Laufenburg am Rhein findet.

An der Stelle, an der Siedlung, Flussübergang und Gefällstrecke dicht beieinander liegen, entstand wahrscheinlich im frühen 12. Jahrhundert eine Befestigunganlage auf einer kleinen Pegnitzinsel, die sich dafür geradezu anbot. Von hier aus war die Kontrolle des Übergangs, der Schutz des jungen Ortes, vor allem aber die Sicherung der für die Versorgung der Bevölkerung so wichtigen Mahlwerke in hervorragender Weise gegeben. Burg und Mahlwerke gehörten zusammen. Diese Betriebe waren Burglehen, sie trugen mit ihren Arbeitskräften, den sogenannten „Rußigen“, im Notfall zur Verteidigung der Burg und des zugehörigen Amtsbezirkes bei. Die Laufer Wasserburg war immer herrschaftlicher Amtssitz, der 1243 erstmals erwähnte Liupoldus de Laufe aus dem Ministerialengeschlecht von Rothenberg war Dienstmanne des Reiches, einer jener kaiserlichen Beamten, wie sie zu jener Zeit auf verschiedenen Stützpunkten im Bereich östlich von Nürnberg saßen. Das Reichswaldgebiet – der Name verrät es noch heute – war im Sinne staufischer Politik Reichsland, Reichsboden, Hinterland der Reichsveste Nürnberg, und Lauf war mit seiner Wasserburg am Straßenübergang einer jener markanten Punkte, die der Sicherheit, der Erschließung und Verwaltung dieses Reichsbesitzes dienten.

Im Schutze der Burg und begünstigt durch seine Lage an Straße und Fluss entwickelte sich Lauf schnell zu einem größeren Gemeinwesen. Noch in staufischer Zeit scheint der Ort das Marktrecht erhalten zu haben, das die bayerischen Herzöge als Besitznachfolger nach dem Tode Konradins 1268 noch mit zusätzlichen Markt-, Geleits- und Zollbefugnissen beträchtlich erweiterten. So erhielt Lauf 1298 durch Herzog Rudolf die gleichen Freiheiten, die bereits zuvor Amberg und Nabburg verliehen worden waren und die später Vorbild für die Markterhebung des nahen Eschenau werden sollten.

Der wittelsbachische Marktort Lauf findet seinen baulichen Ausdruck noch heute in dem geräumigen, planmäßig angelegten Straßenmarkt, der in seiner Gestaltung mit dem freistehenden Rathaus in der Mitte auch architektonisch die Verbindung mit dem bayerischen Siedlungsgebiet herstellt. Diese Marktanlage kann man nach gleichem Schema auch in Auerbach und Kemnath, in Weiden, Freystadt, Straubing oder Aichach finden, für Franken jedoch ist sie keineswegs typisch.

Bei Betrachtung des Laufer Marktes fällt die neue Ausrichtung, die Umpolung in der Siedlungsstruktur, auf. Der Platz liegt in West-Ost-Richtung auf der Hangterrasse des Urstromtales der Pegnitz oberhalb der alten Dorfsiedlung am Fluss. Nicht mehr die Straße, die Norden und Süden durch den Flussübergang verbindet, ist nun von ausschlaggebender Bedeutung, nunmehr kommt der Route dem Tal entlang auf dem rechten Pegnitzufer die gewichtigere Rolle zu. Sie verbreitert sich hier zum Marktplatz und wird zur neuen Hauptachse der Siedlung, sie entwickelt sich zur bedeutendsten Handelsstraße von Nürnberg nach dem Osten, und Lauf kann über Jahrhunderte in vielfältiger Weise davon Nutzen ziehen.

Die mittelalterliche Blütezeit

Unter Kaiser Karl IV. werden Franken und Böhmen mit dem Bindeglied der Oberpfalz zu zentralen Regionen Europas. So kam nun auch der Handelsstraße über Lauf eine zunehmende Bedeutung zu, die in der alten Bezeichnung „Goldene Straße“ wohlklingend zum Ausdruck kommt im Gegensatz zu dem heutigen nüchternen Namen „Bundesstraße 14“. Wer nach Eger oder Pilsen, nach Prag oder Brünn, nach Mähren und Schlesien unterwegs war oder dorthin Handelsbeziehungen unterhielt, dessen Weg führte von Nürnberg über Lauf , auch der Kaiser selbst benutzte diese Route auf seinem Weg von Böhmen „in das Reich“.

Kaiser Karl IV. war zwanzig Jahre lang der unmittelbare Landesherr Laufs in seiner Eigenschaft als böhmischer König. Die von ihm so geschickt betriebene luxemburgische Hausmachtpolitik ließ das seit 1329 kurpfälzische Lauf 1353 Bestandteil des böhmischen Königreiches jenseits des Böhmerwaldes werden, das man später als „Neuböhmen“ bezeichnet hat. Mit dem Rückgrat der Goldenen Straße reichte dieses Territorium von Erlenstegen bei Nürnberg im Westen bis zur alten böhmischen Grenze und ermöglichte dem Kaiser und König den ungehinderten Zugang nach Nürnberg.

Neben der Hauptstadt Neuböhmens, Sulzbach, neben Auerbach, Pegnitz, Erlangen, dem Rothenberg und anderen Orten kam Lauf nun eine gewichtige Stellung an der Westgrenze des erweiterten Böhmen zu. Diese Bedeutung lässt sich heute noch am Wenzelschloss ablesen, das der Kaiser 1360 an der Stelle des früheren Ministerialensitzes errichtete. Die Laufer Burg war ein Ort böhmischer Repräsentation, schon am Torturm sind der böhmische Patron Wenzel und das Wappen Böhmens zu sehen. Auf welchem Territorium man sich hier befand, welche Machtfülle dahinterstand, das wird in der Kaiserkammer des Pallas deutlich, dessen weit über 100 Wappenreliefs in einzigartiger Weise von Territorien, Städten, Bistümern und bedeutenden Geschlechtern künden.

Nürnberger Tor, überragt vom Turm der Johanniskirche, Aufnahme 1994 (Stadtarchiv Lauf)

Die zwei Jahrzehnte Zugehörigkeit zu Böhmen waren für Lauf eine Zeit der Blüte. Mehrfach hielt sich Karl in der Wasserburg, dem „kaiserlichen Lustsaal", auf. Er errichtete in der Nähe des Marktplatzes eine Münzstätte, in der die Laufer Karlspfennige aus Kuttenberger Silber geprägt wurden und er schloss die von den Wittelsbachern eingeleiteten Rechtsverleihungen ab mit der Erhebung Laufs zur Stadt 1355. Dass dies alles im Zuge hausmachtpolitischer Erwägungen geschah, wird unter anderem auch durch die Einbeziehung des böhmischen Löwen im Stadtwappen und durch die Umschrift des Stadtsiegels deutlich: „Lauf wird geehrt, weil es Böhmen dienstbar ist".

Karl IV. hatte bestimmt, dass die Obere Pfalz und damit auch Lauf auf „ewige Zeiten" mit Böhmen verbunden bleiben sollten. Diese Ewigkeit hat er aber selbst bereits nach 20 Jahren beendet, als er im Vertrag von Fürstenwalde 1373 einen großen Teil des neuböhmischen Gebietes dem wittelsbachischen Kurfürsten Otto V. von Brandenburg als Pfand überließ. Lauf wurde nun wieder bayerisch und damit in den folgenden weit über 100 Jahren mehrmals in das Durcheinander der wittelsbachischen Landesteilungen hineingezogen.

Trotzdem war auch diese Epoche eine Zeit fortschreitender Entwicklung für die junge Stadt.

In diesen Abschnitt fällt gleich zu Beginn die Errichtung einer bis heute segensreich wirkenden und für diese Stadt sehr bedeutsamen Einrichtung: 1374 stiftete der Nürnberger Glockengießer Hermann Keßler mit seiner Frau Elsbeth das Spital St. Leonhard, eine wohltätige Einrichtung zur Ehre Gottes, zum ewigen Gedächtnis der Stifterfamilie, zur Aufnahme von kranken, armen und heimatlosen Menschen, also eine jener typischen mittelalterlichen Spitalstiftungen, wie sie gerade an den großen Handelswegen häufig entstanden. Mit dieser Stiftung war auch die Begründung des Schulwesens und die Errichtung einer selbständigen Pfarrei durch Abtrennung von der Mutterkirche Neunkirchen am Sand 1375 verbunden. Lauf lag am Südrand des Bistums Bamberg, die Orte jenseits der Pegnitz gehörten bereits zur eichstättischen Pfarrei Ottensoos.

Der Wittelsbacher Herrschaft im 15. Jahrhundert ist auch der weitere Ausbau der Stadtbefestigung zu verdanken. Lauf war ja der erste feste Ort an der Grenze gegen Nürnberg, es war Sitz eines bayerischen Pflegers, der in der Burg residierte.

Zur Finanzierung der weiteren Verstärkung der Stadtbefestigung verliehen die Landesherren der Stadt zusätzliche Markt- und Zollrechte sowie das Schutzgeld der hier lebenden jüdischen Bevölkerung. Daher rührt noch heute die Bezeichnung „Judenturm" für den im 15. Jahrhundert errichteten Batterieturm an der Südwestecke des Befestigungsgürtels. Die Idee, die Stadtumwallung mit der Burgbefestigung zu verknüpfen, blieb jedoch Stückwerk.

300 Jahre Nürnberger Landstadt

Mit einem makabren Morgenläuten begann in der Frühe des Tages nach Fronleichnam 1504 der geschichtliche Abschnitt, der Lauf von da an über 300 Jahre entscheidend prägen sollte.

Im Landshuter Erbfolgekrieg sicherte sich die Reichsstadt Nürnberg, die auf die Seite Herzog Albrechts von Bayern getreten war, die pfalzbayerischen Ämter im Pegnitztal für den Ausbau ihres Landgebietes. Mit 4 000 Mann und 31 Feldschlangen zog man gegen Lauf und beschoss zuerst den Turm der Johanniskirche beim Nürnberger Tor, so dass die herabstürzenden Glocken

Stammtischzeichen der Laufer Müller, 1860
(Städtische Sammlungen Lauf)

den Laufern einen schaurigen „Guten Morgen" schepperten, wie es die Nürnberger in ihrem Kriegsbericht festgehalten haben. Trotz erbitterter Gegenwehr musste sich das Städtlein ergeben. 1505 überließ Herzog Albrecht offiziell das Amt Lauf der Reichsstadt, die zur Sicherheit auch die noch immer bestehende Belehnung durch den böhmischen Oberlehensherrn einholte.

Lauf lag zu dicht an der mächtigen Reichsstadt, als dass nicht schon zuvor Verbindungen und Einflussnahme von dort bestanden hätten. So hatte die Noris bereits durch die Spitalstiftung des Nürnberger Bürgers Keßler Versuche unternommen, in Lauf mitzureden, und es waren schließlich schon lange vor 1504 Nürnberger Handelsherren mit ihren Interessen in Lauf vertreten. Bereits 1434 befanden sich zwei von sechs Mahl- und Hammerwerken in der Vorstadt im Besitz Nürnberger Patrizier. Die Metallverarbeitung in Lauf war für Nürnberg als Zentrum des Metallhandels von großer Bedeutung, und so erfuhr gerade der Ausbau der Betriebe an der Pegnitz in den folgenden Jahrhunderten die stete Förderung der Reichsstadt. Am Ende des 17. Jahrhunderts zählte man in Lauf 50 Wasserräder, die zu Mahl-, Schleif-, Säg- und Drahtziehmühlen, zu Eisen-, Messing- und Kupferhämmern gehörten. Lauf entwickelte sich zum bedeutendsten Standort der vorindustriellen Fertigung im reichsstädtischen Territorium und konnte diese Stellung trotz mancher Rückschläge im Zweiten Markgrafenkrieg und im Dreißigjährigen Krieg behaupten.

Die mit der Wasserkraft betriebenen Werkstätten lagen draußen vor den Mauern des Städtleins, die dort arbeitenden Hammerwerker, die schon erwähnten „Rußigen", bildeten eine eigene Bevölkerungsgruppe von etwa 100 Personen, die kein Bürgerrecht besaß und in eigenen Arbeiterhäusern untergebracht war, was immer wieder zu Spannungen führte. Die Bürger innerhalb der Mauern übten als Ackerbürger Landwirtschaft aus, die Reste der in den Vorstädten befindlichen, einst charakteristischen Scheunenviertel erinnern noch daran, sie waren aber vor allem Handwerker, deren Gewerbe mit den Mahlwerken und dem durchführenden Handelsverkehr in Zusammenhang stand. So fanden

Glasbild des Laufer Büttnerhandwerks, gestiftet 1658 für die Salvatorkirche (Arturt Röckelein, Erlangen)

sich in Lauf Mehlhändler und Bäcker in großer Zahl. Laufer Weißbrot war auf dem Nürnberger Markt sehr begehrt. Ortstypische Handwerker waren auch die Drechsler, Zimmerleute und Schmiede, die Büttner, Hafner und „Tabakspinner“, die den hier angebauten Tabak verarbeiteten und in den Handel brachten.

Eines der traditionsreichsten Gewerbe Laufs ist freilich das Bierbrauen, das im Mittelpunkt eines alten Hopfenanbaugebietes beheimatet war. In der Laufer Ortschaft Simonshofen wird bereits im 14. Jahrhundert der Hopfenbau erwähnt. Die Stadt selbst war Siegelort für Hopfen und Sitz bedeutender Hopfenhandlungen. Heute bestehen noch drei Brauereien, die sich zum großen Teil aus den seit dem Mittelalter hier nachweisbaren Hausbraurechten der Bürger entwickelt haben. Noch im 19. Jahrhundert gingen 76 Berechtigte dem Braugewerbe in Form des Kommunbrauwesens nach, wie es vor allem in der Oberpfalz und in Oberfranken sowie in den angrenzenden Regionen Mittel- und Unterfrankens verbreitet war. In Lauf erfolgte das Brauen in zwei Kommunbrauhäusern nach einem Losverfahren zweimal jährlich. Zum Einlagern des Bieres dienten die imposanten Felsenkeller, die im 16. Jahrhundert unter weiten Teilen der Altstadt und der Vorstädte entstanden. Durch zahlreiche Konkurrenzunternehmen benachbarter Territorien

Blick vom Stadtturm St. Johannis auf die Kirchenruine des Spitals (Stadtarchiv Lauf)

wurde der Absatz des Laufer Bieres seit dem 17. Jahrhundert zwar geschmälert, der Nürnberger Rat sorgte jedoch für eine Monopolstellung des Laufer Gerstensaftes zumindest innerhalb des Laufer Pflegamtes.

Auf die Nürnbergische Landesherrschaft geht auch die Einführung der lutherischen Reformation 1525 zurück. Gut hundert Jahre zuvor war Lauf durch den Besuch des böhmischen Vor-Reformators Johannes Hus 1414 bereits mit den Gedanken der Erneuerung der Kirche in Verbindung gekommen. Hus hatte auf dem Wege zum Konzil nach Konstanz die Goldene Straße genommen und in der Fürstenherberge zum Wilden Mann am Marktplatz übernachtet.

Das 16. Jahrhundert brachte jedoch nicht nur grundlegende Veränderungen im Bereich des landesherrlichen Regiments und der religiösen Verhältnisse, Lauf wurde 1553 auch von dem furchtbarsten Ereignis seiner Geschichte ereilt. Am 3. Juni ließ Markgraf Albrecht Alcibiades in der Auseinandersetzung mit der Reichsstadt Nürnberg im Zweiten Markgrafenkrieg Lauf in Brand stecken. Diese Feuersbrunst ergriff die ganze Stadt, nur wenige Häuser, die Johanniskirche am Markt und das vom Fluss geschützte Schloss überstanden leidlich diese Katastrophe, viele Menschenleben waren zu beklagen. 120 Anwesen, zwölf Mahl- und Hammerwerke, Teile der Stadtbefestigung, das Spital und das Rathaus mit sämtlichen älteren Urkunden, Rechnungen und Dokumenten der Verwaltung wurden ein Raub der Flammen. Es entstand ein Schaden von mehr als 75.000 Gulden und man überlegte ernstlich, ob Lauf nicht an anderer Stelle abseits der Brandstatt vollkommen neu errichtet werden sollte. Doch dann entstand der Ort mit Unterstützung der Reichsstadt und privater Geldgeber

Große Wappenkartusche an der Langhausdecke der Johanniskirche mit den Hoheitszeichen des Reiches und der Reichsstadt Nürnberg, 1699 (Stadtarchiv Lauf)

wieder am Pegnitzufer, da man auf die Betriebe am Fluss angewiesen war. Die markante Ruine der Spitalkirche St. Leonhard bewahrt bis heute die Erinnerung an dieses einschneidende Kriegsereignis.

Dass Lauf auch in den Wirren des Dreißigjährigen Krieges viel zu erdulden hatte, wird durch seine Lage an der Goldenen Straße verständlich, auf der in Kriegszeiten Kaufmannszüge von Truppendurchzügen verdrängt wurden.
So sah die Stadt in dieser Zeit Wallenstein, Tilly, Gustav Adolf von Schweden und Bernhard von Sachsen-Weimar mit ihrem Gefolge in ihren Mauern und war zu einer unfreiwilligen Gastfreundschaft mit den entsprechenden Begleiterscheinungen und Folgen genötigt.

Es war vor allem dem Fleiß der Bürger und dem unternehmerischen Geschick der Hammerherrn, der Förderung durch die Reichsstadt Nürnberg und den zahlreichen gemeinnützigen Stiftungen am Ort zu verdanken, dass sich Lauf in der zweiten Hälfte des 17. und im 18. Jahrhundert wieder zu einem intakten und wirtschaftlich gesunden Gemeinwesen entwickeln konnte. Noch heute künden verschiedene öffentliche und private Gebäude von dieser Epoche und dem hohen Standard des Laufer Handwerks in jener Zeit.

Zu nennen sind vor allem zwei kirchliche Bauten: die 1659 errichtete kleine Friedhofskirche St. Salvator und die Stadtkirche St. Johannis, deren barocke Umgestaltung unter namhafter Beteiligung heimischer Künstler 1710 abgeschlossen war. Beide Gotteshäuser besitzen reichen Wappenschmuck, der immer wieder auf die Nürnberger Landesherrschaft hinweist. Behäbige Wohnhäuser mit ornamentgeschmückten Sandsteinfassaden erzählen von der Wohlhabenheit der führenden Bürgerfamilien. Auch im mittelalterlichen Schloss wollte der patrizische Pfleger keinesfalls auf barocke Repräsentation verzichten und ließ von dem italienischen Stukkator Donatus Polli eine geschmackvolle Stuckdecke einfügen.

Industriestadt mit Tradition

Die preußische Besetzung der angrenzenden Reichswaldgebiete, der Durchzug kaiserlicher und französischer Truppen 1796 mit Einquartierungen und Plünderungen kündigen politische Veränderungen an, die schließlich 1806 zum Ende der alten reichsstädtischen Republik Nürnberg und zur Rückkehr Laufs zu seinem alten wittelsbachischen Landesherrn im jungen Königreich Bayern führen. Das 1807 verordnete Freudenfest zum Anschluss an Bayern wird in Lauf Anlass für das Kunigundenfest, ein weit über die Stadtgrenzen hinaus bekanntes Heimat- und Jugendfest, das den Höhepunkt im Jahreslauf darstellt und seine Wurzeln in den Wallfahrten und nachreformatorischen Schulumzügen hinauf zur Kapelle auf dem Kunigundenberg hat. Im Mittelpunkt des Festes steht heute die Gestalt der Kaiserin und Bistumspatronin Kunigunde, dargestellt von einer Laufer Schülerin.

Die königlich-bayerische Zeit führte zur Neustrukturierung der Verwaltung. An die Stelle des Nürnberger Pflegamtes trat nun das Landgericht, während das Rentamt und spätere Finanzamt seinen Sitz in Hersbruck nahm. Die Beschaulichkeit des Biedermeier wurde in Lauf schnell abgelöst durch die einsetzende industrielle Entwicklung. Auf der Basis seiner bodenständigen Betriebe am Pegnitzufer wandelte sich Lauf zum modernen Industriestandort: Kunstmühlen, Polierwerke, Metall- und Folienfabriken bedienten sich noch der Wasserkraft, wurden aber zu Beginn des 20. Jahrhunderts durch metall- und holzverarbeitende Betriebe, die abseits vom Fluss mit neuentwickelten Energien arbeiteten, abgelöst. Hinzu tritt die Steatitverarbeitung, die technische Keramik, die Lauf weithin bekannt gemacht hat.

Die Industrie lockt ab der 2. Hälfte des 19. Jahrhunderts mehr und mehr Arbeitskräfte in die Stadt. Sie kommen aus Oberfranken und der Oberpfalz, aus dem Bayerischen und dem Böhmerwald. In der 1903 geweihten katholischen Kirche St. Otto findet die Aufnahme neuer Bevölkerungsschichten sichtbar Ausdruck. Die ansteigende Einwohnerzahl zeigt die Entwicklung an: 1809 zählte Lauf 2085 Einwohner, 1900 hat sich die Zahl bereits verdoppelt, bis 1940 dann nochmals. Dem Wohnraummangel konnte mit dem Bau von Siedlungen abgeholfen werden, das Stadtgebiet weitete sich somit vor allem links der Pegnitz immer mehr aus.

Wie schon im Mittelalter profitierte Lauf auch jetzt wieder von seiner verkehrsgünstigen Lage. 1859 wurde die Ostbahnlinie links der Pegnitz von Nürnberg über Schwandorf nach Furth im Wald eröffnet, 1877 folgte rechts der Pegnitz die Route Nürnberg-Bayreuth bzw. Nürnberg-Marktredwitz-Hof mit Anschluss nach Sach-

Blick vom Stadtturm
St. Johannis über die Altstadt und den Flusslauf auf die Firma Steatit-Magnesia, die Kunstmühle Barth und die Korkstein-Isolier-Fabrik Mahla (von links nach rechts), ca. 1935
(Stadtarchiv Lauf)

Der hochgelegene Ausflugsort Nuschelberg wurde 1971 eingemeindet.
(Stadtarchiv Lauf)

sen und Böhmen.Dazu gesellt sich im 20. Jahrhundert noch die Autobahn München-Berlin, heute mit zwei Ausfahrten bei Lauf.

Der westliche Distrikt des Bezirksamtes Hersbruck mit den Industrieorten Lauf und Röthenbach und der Nähe zu Nürnberg entwickelte sich somit ganz anders als das noch weithin landwirtschaftlich geprägte Hersbrucker Gebiet. Folgerichtig entstand 1908 in Lauf ein eigenes Bezirksamt, das sich zum dichtbesiedeltsten Landkreis Bayerns entwickeln sollte.

Die Aufnahme der Vertriebenen, vorwiegend aus dem Sudetenland und aus Schlesien, ließen Lauf in Folge des Zweiten Weltkrieges noch weiter wachsen. 1945 zählte man über 10.000 Einwohner, 1960 mehr als 12.000. Ihre günstige Lage und Infrastruktur im Unteren Pegnitztal lassen die Stadt in der Folgezeit zu einem wichtigen Zentrum am Ostrand des mittelfränkischen Ballungsraumes heranwachsen mit bedeutenden, modernen Industrien, umfassenden Bildungseinrichtungen, dem Sitz der Führungsakademie der Bundesanstalt für Arbeit für das gesamte Bundesgebiet und einer Außenstelle der Nürnberger Akademie der Bildenden Künste, die im Wenzelschloss untergebracht ist. So wird Lauf im Rahmen der Kreisreform 1972 auch Sitz des Landratsamtes für den neuen Großlandkreis Nürnberger Land, der weite Teile der Altkreise Nürnberg-Land, Hersbruck und Lauf umfasst.

Mit der Gebietsreform ging auch eine beachtliche Vergrößerung des Stadtgebietes Hand in Hand, das nunmehr fast 60 qkm umfasst und etwa 26.000 Einwohner zählt. Zwischen 1971 und 1978 wurden elf bisher selbständige Landgemeinden zwischen dem Moritzberg im Süden und der Kreisgrenze Erlangen-Höchstadt im Norden in die Stadt Lauf aufgenommen.

Ein Teil dieser Dörfer war schon in früheren Jahrhunderten durch die Zugehörigkeit zum Pflegamt, zur Pfarrei und Schule mit der Stadt verbunden. Andere Orte, wie das markgräflich-ansbachische Vogtamt Schönberg zu Füßen des Moritzberges gehörten zu fremden Territorien, die nicht immer friedliche Beziehungen mit Lauf und Nürnberg unterhielten. In das heutige Stadtgebiet reicht auch das ehemalige kurbayerische Landrichteramt des Rothenbergs herein, die sogenannten „Fraischsteine“ bei Bullach erinnern noch daran. Im Norden des Stadtgebietes liegt Neunhof, ehemals Hauptort eines reichsfreien Ritterguts, das seine wichtigsten baulichen Akzente im den Schlössern der Freiherrn von Welser in Neunhof und in der spätgotischen Pfarrkirche in Beerbach setzt.

Mit den eingemeindeten Ortschaften hat Lauf auch ein vielgestaltiges und landschaftlich reizvolles Gebiet dazugewonnen, das der Naherholung dient. Die in den letzten Jahren durchgeführte Altstadtsanierung und die sich anschließenden Dorferneuerungen tragen dazu bei, dass sich Lauf als ein modernes Zentrum der Industrie und Dienstleistungen und zugleich als traditionsreiches Gemeinwesen im Schmuck seiner historischen Bauten und seiner landschaftlichen Reize darbietet. So ist aus dem ehemals bayerischen und nürnbergischen Amtsstädtchen das lebendige Herz des Großlandkreises Nürnberger Land erwachsen, eine Stadt, die sich bei aller Aufgeschlossenheit für die Anforderungen des Heute und Morgen auch ihrer Wurzeln und ihres historischen und kulturellen Erbes bewusst ist.

Dorf – Markt – Stadt

Der Laufer Freiheitsbrief 1298

Nach einem Festvortrag zur 700. Wiederkehr der Verleihung des Laufer Freiheitsbriefes, gehalten am 23.11. und am 8.12.1998 im Wappensaal des Wenzelschlosses und am 1.12.1998 im Festsaal des Alten Rathauses

Das Original des Laufer Freiheitsbriefes ist nicht mehr erhalten, von einer Wiedergabe der späteren Abschrift in einem Copialbuch des 15. Jahrhunderts (Bayerisches Hauptstaatsarchiv, Bestand Kurbayern, Äußeres Archiv 1139 fol. 119) wurde daher abgesehen.

Der 20. Mai 1953 war für die Laufer Nachbarstadt Röthenbach an der Pegnitz ein großer Tag: In einer Feierstunde überreichte der damalige Staatsminister Dr. Wilhelm Högner auf der Freitreppe des Rathauses dem Bürgermeister Karl Fischer die Stadterhebungsurkunde. Die Patenschaft für dieses herausragende Ereignis der Röthenbacher Geschichte hatte die Stadt Lauf, vertreten durch den 1. Bürgermeister Fritz Bankel, übernommen. Anlässlich der Stadterhebung hatte Röthenbach auch ein Wappen angenommen, dessen Entwurf übrigens von einem verdienten Laufer stammte, dem ersten Archivleiter August Rebmann.

Vielleicht wundert sich der Leser über diese Einleitung zu einem Aufsatz, in dem es um den Werdegang der Stadt Lauf geht, aber mit dem Beispiel von Röthenbach lässt sich trefflich verdeutlichen, was eine Rechtsverleihung heute im kommunalen Bereich bedeutet, und wie gänzlich anders ein solcher Vorgang im Mittelalter zu bewerten ist.

Dass ein Ort, eine Gemeinde, in ihrem Status sozusagen einen höheren Rang einnimmt, das gibt es auch heute noch. Sieht man sich in der weiteren Umgebung um, so lassen sich dafür zwei Beispiele finden: Die Gemeinde Igensdorf nordöstlich von Lauf im Landkreis Forchheim wurde vor einigen Jahren zum Markt erhoben, die Gemeinde Oberasbach im Landkreis Fürth zur Stadt. Zu solchen Vorgängen sagt die Bayerische Gemeindeordnung im Artikel 3:

„Städte und Märkte heißen die Gemeinden, die diese Bezeichnung nach bisherigem Recht führen oder denen sie durch das Staatsministerium des Innern neu verliehen wird. Die Bezeichnung Stadt oder Markt darf nur an Gemeinden verliehen werden, die nach Einwohnerzahl, Siedlungsform und wirtschaftlichen Verhältnissen der Bezeichnung entsprechen."

Wenn man genau hinhört, dann wird da von der Verleihung einer Bezeichnung „Markt", „Stadt" gesprochen, nicht von einem Recht. Die alte, aus der Zeit des Königreichs stammende Gemeindeordnung vom Jahr 1869 unterschied noch zwischen Landgemeinden und Gemeinden städtischer Art mit unterschiedlichen Rechtsbefugnissen. Das nach dem Ende der Monarchie 1919 erlassene Selbstverwaltungsgesetz hob diesen Unterschied auf, und das geschah ganz im Sinne demokratischen Verständnisses: Alle Bürger Bayerns sollten in gleicher Selbstverantwortung ihre kommunalen Angelegenheiten regeln können ohne Unterschied, ob sie in einer kleinen Landgemeinde mit vielleicht 90 Einwohnern oder in einer Großstadt mit Tausenden von Bewohnern leben.

Sieht man einmal ab von den Befugnissen und damit auch Pflichten einer kreisfreien Stadt Lauf a.d.Pegnitz oder auch einer sogenannten „Großen Kreisstadt", so leben unsere Gemeinden auch heute in dieser Gleichstellung ohne Rücksicht darauf, ob dem Ortsnamen das Wort Markt oder Stadt voransteht. Ausschlaggebend sind für Zuschüsse u. ä. allein die Einwohnerzahl bzw. die funktionelle Bedeutung der Gemeinde als Klein-, Mittel- oder Oberzentrum mit Auswirkungen auf zentralörtliche Einrichtungen wie weiterführende Schulen oder Krankenhäuser. Gewiss, die Aufgaben und Probleme einer Großstadt wie Nürnberg haben ganz andere Dimensionen wie die der Stadt Lauf oder der Gemeinde Ottensoos, die Rechte und Pflichten der Kommune und ihrer Bürger sind aber durchaus die gleichen, und das muss in einem demokratischen Staatswesen auch so erwartet werden. Mit den Worten zweier Kommentatoren der Bayerischen Gemeindeordnung kann man es also kurz so zusammenfassen: „Die Bezeichnungen ‚Stadt' und ‚Markt' stellen keine rechtlichen Wertungen, sondern nur kommunalpolitische Rangwerte dar", sagt der eine und meint mit diesem verschwommenen Begriff des kommunalpolitischen Rangwerts wohl ein gewisses Prestige. Der andere kommentiert: „Die Bezeichnungen ‚Stadt' und ‚Markt' sind auf die Verfassung der betreffenden Gemeinde ohne Einfluss. Die Bezeichnungen bringen eine gewisse Wertung zum Ausdruck, haben jedoch keine rechtliche Bedeutung. Insbesondere gibt es keine besonderen Aufgaben oder Befugnisse, die an die Eigenschaft Stadt oder Markt gebunden wären". Deutlicher und nüchterner kann man es wohl nicht sagen! Und so gibt es zum Beispiel im Großraum von München viele Stadtrandgemeinden, deren Einwohnerzahl durchaus einer Stadt würdig wären, die aber ohne dieses Prädikat auskommen und genauso ihre Aufgaben erfüllen können und müssen.

Wenn eine Gemeinde heute den Titel Markt oder Stadt erlangen möchte, so wie vor 50 Jahren Röthenbach, so gibt es dafür keine eindeutigen Kriterien. Das prüfende Innenministerium wird aber sehr wohl darauf achten, ob es sich um einen Ort handelt, der eine zentrale Bedeutung für die Umgebung hat, der von der Einwohnerzahl zu den größeren Siedlungen zu zählen ist, der auch über ein gewachsenes Zentrum, einen städtebaulichen Mittelpunkt verfügt und nicht gerade aus einer losen Aneinanderreihung von Dörfern, Weilern und Einzelhöfen besteht. Wenn dann eine Markt- oder Stadtbezeichnung verliehen wird, ändert sich rechtlich nichts für diese Gemeinde. Ein Wappen kann heute ohnehin jede Gemeinde führen, der Gemeinderat heißt nun Marktgemeinderat oder Stadtrat, der Bürgermeister ändert seine Bezeichnung nicht, und auch die Gehälter der Bediensteten werden nicht anders aussehen als zuvor. Wenn man es also recht bedenkt, so ist die heute angestrebte Bezeichnung Markt oder Stadt nur eine Titulatur ohne Inhalt, eine scheinbare Würde, die freilich von einer Tradition zehrt, die weit zurückreicht in das Mittelalter, in eine Epoche, in der es in der Tat etwas entscheidend anderes war, ob man in einem Dorf, einem Markt, einer Stadt oder gar in einer Freien Reichsstadt lebte.

Für die Markt- und Stadtwerdung Laufs hat das am 6. Dezember 1298 ausgestellte Privileg, der sogenannte „Freiheitsbrief“, größte Bedeutung. Ohne die alten Markt- und Stadtrechte würden die Laufer heute nicht in einem Mittelzentrum, in einer Kreisstadt, in einem für die Umgebung attraktiven Mittelpunkt leben, ohne diese Entwicklung vor mehr als sieben Jahrhunderten gäbe es viele Betriebe, Ausbildungsstätten, Dienstleistungseinrichtungen und kulturelle Angebote nicht, ohne die Ausstrahlungskraft Laufs wäre wohl auch die Gebietsreform ganz anders verlaufen, und die Stadt würde nicht das gewachsene Erscheinungsbild aufweisen, das nicht nur Einheimische und Neubürger, sondern auch viele Besucher immer wieder beeindruckt.

Wichtige Standortfaktoren

Das Alter soll man achten, heißt es sicher mit Recht. Wir wollen dies gerne tun und blicken mit Ehrfurcht auf das hohe Alter, das manche eingemeindeten Orte im Stadtgebiet aufweisen können: Schönberg trägt sich als erstes in das Laufer Geschichtsbuch ein, es kann im Jahr 2002 bereits sein 950-jähriges Bestehen feiern! 1109 werden Neunhof, Beerbach, Tauchersreuth, Wetzendorf und sogar der kleine Weiler Hub bei Günthersbühl erstmals erwähnt, 1119 schließlich Dehnberg. In der Haltung des Älteren, Erfahreneren, könnte man sich da geradezu zurücklehnen und als „eingemeindeter Laufer“ auf das junge „Ding“ herabblicken, wird doch dieses Lauf erst 1243 erstmals urkundlich fassbar und auch da eher zufällig. Auch das so nahe an Lauf gerückte Heuchling, das sich zu allerletzt zur Eingemeindung in die Stadt entschloss, ist – wenn auch schriftliche Zeugnisse fehlen – weitaus älter als Lauf. Hier ist der Name die Urkunde, die das hohe Alter verrät, denn die bayerische Ortsendung –ing weist auf die ältesten Siedlungen der Gegend hin.

„Was wollt ihr mit euren alten Urkunden?“, wird der echte Laufer sagen, „Sind wir nicht die Stadt, die große Siedlung im Zentrum, habt ihr nicht eure Zukunft der Gemeinschaft dieser Stadt anvertraut?“ In der Tat, das lehrt uns die Entwicklung Laufs im Vergleich zu seinen Nachbarorten: Es kommt auf die Standortfaktoren an.

Ein ganz wesentlicher Standortfaktor findet sich bereits im Ortsnamen: Der Laufen, das starke Gefälle der Pegnitz, das bereits im 13. Jahrhundert zum Betrieb von vier Getreidemühlen genutzt wurde und ausschlaggebend war für die Entwicklung Laufs zu einem bedeutenden Gewerbe- und schließlich auch zu einem modernen Industriestandort. Man darf dabei nicht nur auf die Mühlen verschiedenster Art und auf die Hammerwerke selbst blicken, es entstanden vielmehr in Verbindung damit weitere Gewerbezweige, z. B. der Mehlhandel, Bäckereien, für die Lauf lange berühmt war, Spezialbetriebe der Metall- und Holzverarbeitung.

Ein weiterer, oft wenig gewürdigter Faktor ist die waldreiche Umgebung: Im Westen der Sebalder, im Südwesten der Lorenzer Reichswald, im Süden der Forst Nessenau und im Norden die Bürgerwälder Nüschel,

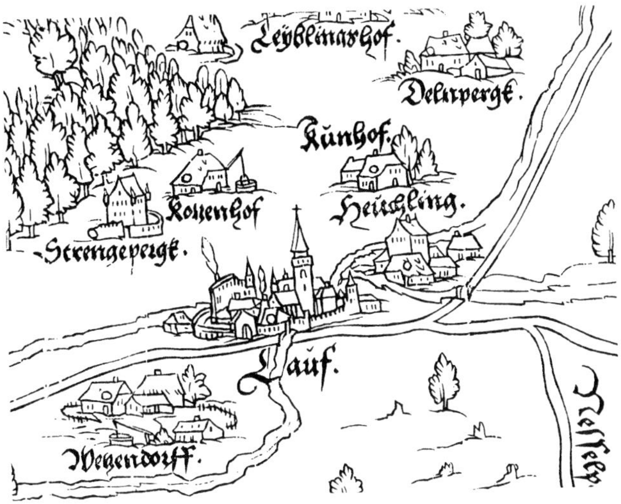

Lauf mit seinen älteren Nachbarorten Heuchling und Wetzendorf. Ausschnitt aus: Das Nürnbergische Territorium bis an die Grenzwasser, 1559
(Original im Staatsarchiv Nürnberg, Reproduktion im Stadtarchiv Lauf)

Wasach und Froschleite. Abgesehen vom Wald als Holz- und Wildlieferant, sowie für Honig und Wachs, war die gewonnene Holzkohle von größter Bedeutung für die Hammerwerke. Aus Rinde wurden in den Laufer Lohmühlen Gerbstoffe gewonnen, die für die Lederverarbeitung wichtig waren. Das Holz wurde außerdem in den Laufer Sägmühlen und Drechslereien verarbeitet.

Zu den Standortfaktoren gehört auch die in der Umgebung betriebene Landwirtschaft, hier vor allem der in Simonshofen bereits 1375 erwähnte Hopfenanbau. Hopfenhandel, Malzbereitung, Bierbrauen und Bierausschank spielten in Lauf stets eine bedeutsame Rolle.

Die besten Produktionsstätten und Erzeugnisse können nicht von Nutzen sein, wenn die Produkte nicht zur Kundschaft gebracht werden können. Hier kam Lauf ein weiterer, ganz wesentlicher Standortfaktor zugute. Zwar ist die Pegnitz kein schiffbarer Strom, aber der Ort lag und liegt günstig an alten Verkehrswegen in alle Himmelsrichtungen. Kurz oberhalb des Laufens nutzte man seit alter Zeit die geringe Tiefe und das felsige Bett des Flusses zu einem Straßenübergang, einer Furt. Einer der Fernwege von der fränkischen Kaiserpfalz Forchheim zur alten bayerischen Herzogsstadt Regensburg durchquerte hier den Fluss in unmittelbarer Nachbarschaft der mit der Wasserburg bewehrten Pegnitzinsel. Lange Zeit war dieser Flussübergang, der dann im Laufe des späten Mittelalters durch einen Brückenschlag verbessert wurde, die einzige Pegnitzbrücke zwischen Mögeldorf im Westen und Hersbruck im Osten.

Es gibt Hinweise, dass im Mittelalter die Straße von Nürnberg nach Altdorf mangels anderer Verbindungen über Lauf führte. Dieser wichtige Brückenschlag wurde in Lauf zwar nicht im Ortsnamen verewigt wie in der Nachbarstadt Hersbruck, aber er gehört noch heute in

Die Johannisstraße und der Flussübergang der Wasserbrücke zeigen den Verlauf der Altstraße Forchheim-Regensburg an (Stadtarchiv Lauf)

Gestalt der 1852 in Sandstein neu ausgeführten Wasserbrücke zum Gesamtbild der Stadt.

Von weitaus größerer Bedeutung wurde für Lauf jedoch die West-Ost-Verbindung auf dem hochwassersicheren Hochufer des Pegnitztales. Die aufstrebende Handelsmetropole Nürnberg entwickelte ein Netz sternförmig ausgehender Handelsstraßen und so nahm bereits im 12. Jahrhundert der Verkehr auf dem Fernweg nach Prag zu. Unmittelbar östlich von Lauf zweigt davon die Egerer Landstraße an, die durch das Schnaittachtal und über Plech in das nordböhmische Egerland und in das an Bodenschätzen reiche Erzgebirge führte. Die später als „Goldene Straße" bezeichnete Route nach Prag, Mähren, Schlesien und Ungarn band Lauf nicht nur an das Fernhandelsnetz an, sie war auch der Transportweg für das Eisenerz aus der Oberpfalz, das in den örtlichen Hammerwerken weiter verarbeitet wurde.

Die genannten Faktoren waren günstig aufeinander abgestimmt: Wasserkraft, Holzreichtum, Landwirtschaft und Transportwege. So suchte der älteste Siedlungsteil Laufs, das aus etwa acht Höfen und vier Mühlen bestehende Dorf des 12. Jahrhunderts, auch ganz bewusst die Nähe des Flusses und der Furt und nahm dabei auch einen Standortnachteil in Kauf, die häufige Hochwassergefahr. In alten Flurbezeichnungen sind diese Feuchtstellen noch heute festgehalten: „Höll", „Altung" und das „Wörth", auf dem dann im 14. Jahrhundert das Spital entstand.

Noch ein weiterer Standortfaktor muss genannt werden. Er liegt nicht in der geographischen und topographischen Lage der Stadt begründet, vielmehr in ihrer territorialen Zugehörigkeit. Von 1269 bis 1504 war Lauf der erste bedeutende Ort, der westlichste Vorposten des bayerisch, pfälzischen und unter Karl IV. des neuböhmischen Territoriums gegen Nürnberg sowie Etappenort von und nach Nürnberg, das damals ja noch eine Tagesreise entfernt lag. In Lauf wurde Halt gemacht, bevor man sich auf die letzte Strecke in die Reichsstadt begab. Hier erreichte man in Gegenrichtung den ersten größeren Ort auf Wittelsbacher Gebiet, wenn man im Mittelalter auf dem Weg war von Nürnberg nach dem Osten, in die Obere Pfalz und weiter in das östliche Mitteleuropa und nach Osteuropa. Diese Tatsache wirkte sich wiederum begünstigend auf den Gewerbestandort aus. Es entstanden in großer Zahl straßenbegleitende Handwerke wie Hufschmiede, Wagnereien, Sattlereien, Herbergen, Schankstätten und Garküchen.

Dorf und Markt

Diese günstigen Voraussetzungen verlangten sozusagen nach der Entstehung eines neuen Ortes, dem es vergönnt war, sämtliche Orte der Umgebung weit zu überflügeln. So blieb Lauf eben nicht ein Dorf in Nachbarschaft einer Amtsburg, wie es Schönberg gewesen ist, es blieb auch nicht eine kleine bäuerliche Siedlung mit einigen Mühlen, wie es Röthenbach über Jahrhunderte war, und es war auch nicht allein eine bedeutsame Raststätte für Fuhrleute, wie es die Ortsgeschichte von Rückersdorf zeigt. Am Standort Lauf trafen so viele günstige Faktoren zusammen, dass sich hier ein bedeutendes Zentrum entwickeln konnte.

Mit sicherem und für die großen Zusammenhänge geschulten Blick haben dies die Landesherrn bereits im 13. Jahrhundert erkannt. Es ging ihnen dabei freilich nicht darum, einen Ort namens Lauf um seiner selbst willen zu fördern, sie mussten den Erhalt und Ausbau ihrer Territorialgewalt im Auge haben. Unter machtpolitischen Gesichtspunkten muss der Ausbau Laufs im Mittelalter gesehen und verstanden werden in der Epoche der Staufer, in der Zeit der Zugehörigkeit zum Hause Wittelsbach, in der kurzen Ära der böhmischen Herrschaft.

Genaue Nachrichten über die Errichtung des Marktes Lauf fehlen. Die geschilderten Zusammenhänge mit dem Aufblühen des Handelszentrums Nürnberg und der zunehmenden Bedeutung der Straße nach Böhmen lassen jedoch darauf schließen, dass der Markt Lauf in der Mitte des 13. Jahrhunderts entstand, also noch in staufischer Zeit.

Die übliche Vorstellung, dass ein an Größe und Bedeutung zunehmendes Dorf schließlich zum Markt erhoben wurde, muss man gerade im Fall von Lauf ganz beiseite lassen. Der Markt Lauf war kein rangerhöhtes Dorf, er war auch kein Anhängsel oder Neubauviertel des ursprünglichen Dorfes, nein, er war etwas völlig Neues und Eigenständiges. Der Markt war das, was auch heute noch unter diesem Begriff verstanden wird, zumeist im übertragenen Sinn, wenn vom Arbeitsmarkt, von Finanz- und Absatzmärkten gesprochen wird, er war ein Ort des Handels, von Angebot und Nachfrage, von Warenaustausch, von Geschäften. Diese Vorgänge spielten sich auf einem Platz ab, eben dem Marktplatz. Er lebte davon, dass er von Anbietern und Kaufinteressenten aufgesucht wurde. Diese konnten von auswärts kommen, über die Handelsstraßen aus der Ferne, oder aus der näheren und weiteren Umgebung. Sie konnten aber auch am Markt selbst wohnen, in unmittelbarer Nachbarschaft zum Marktgeschehen. Als Gewerbetreibende hatten die Anwohner selbst etwas anzubieten, und sie benötigten Güter, die sie unmittelbar vor ihrer Haustüre erwerben konnten. Sie konnten aber auch von Gewerben leben, die

Blick vom Stadtturm auf den Marktplatz mit dem freistehenden Rathaus (Stadtarchiv Lauf)

mit dem Markt in Zusammenhang standen, in dem sie zum Beispiel Warentransporte übernahmen, indem sie Herbergen und Schankstätten unterhielten, die ihre Dienste den Besuchern des Marktes anboten. Die Anwohner waren also von Berufs wegen am Marktgeschehen sehr interessiert. Das kommt schon im Siedlungsbild deutlich zum Ausdruck. Die Häuser am Laufer Marktplatz drängen sich geradezu dicht an dicht um den Handelsplatz. Sie stehen in zwei Zeilen aufgereiht an den Längsseiten des lang gezogenen Platzes. Man will präsent sein mit seinen Angeboten.

Heute sind in die meisten dieser Marktplatzhäuser Schaufenster und Ladentüren eingefügt, das Kaufen und Verkaufen findet zum geringsten Teil noch auf dem Platz selbst statt, es hat sich in die Geschäftslokale verlagert. In alter Zeit wies man mit Auslegern, Firmenschildern oder steinernen Hauszeichen auf sich hin, auf die Metzgerei zum Roten Ochsen, die Garküche zur Silbernen Ente, die Wirtschaft zum Weißen Lamm oder die Herberge zum Wilden Mann. Mit einem bändergeschmückten Reißigbesen, dem „Flinterbaum", machten die Brauberechtigten auf ihren Bierausschank aufmerksam. Viele Handwerker arbeiteten ohnehin vor der Tür wie zum Beispiel die Hufschmiede und waren somit anschauliche Reklame für ihre Dienstleistung.

Mit der Anlage des Marktes Lauf entstand somit ein lebendiges regionales Handelszentrum, das durch die genannten Standortfaktoren begünstigt und durch seine Lage an der Goldenen Straße auch vom Fernhandel berührt wurde. In der Entstehung des Marktes kommt auch der allgemein einsetzende Wandel von der althergebrachten Naturalwirtschaft zur modernen Geldwirtschaft zum Ausdruck, eine Strukturveränderung, die sich gerade vom 13. bis zum 15. Jahrhundert in zahlreichen Marktgründungen der Region niederschlägt: Pegnitz, Plech, Velden, Schnaittach, Eschenau, Heroldsberg, Wöhrd bei Nürnberg, Altdorf und Feucht.

Bei den Marktbewohnern drehte sich also alles um das Marktgeschehen, um die Frage, wie kann ich das Angebot noch mehr auf die Bedürfnisse der Marktbesucher einstellen, wie kann ich den Markt zu einem sicheren Ort machen, wie kann ich die An- und Abreisenden und ihre Waren vor Diebstahl schützen, wie kann ich schließlich den Markt so gestalten, dass möglichst viel Geld am Ort bleibt zum Wohle der Marktbewohner. Am Markt entwickelte sich somit ein Gemeinschaftsgefühl, ein Miteinander, getragen von gleichen Interessen. Es wurden Ideen entwickelt, Initiativen ergriffen, es war ein äußerst lebendiges Miteinander, das angeregt wurde durch immer wieder Neues, das durch Händler und Reisende von auswärts mitgebracht wurde, ob es nun Nachrichten, neue Entwicklungen oder neue Werkzeuge und Produkte waren. Das Leben war vielgestaltig, und man war aufeinander angewiesen, denn es wurde nicht mehr alles selbst gefertigt, man nutzte vielmehr die Fähigkeiten und Begabungen des Nachbarn.

Im alten Dorf Lauf nebenan war es ganz anders gewesen: Die Bauern betrieben Landwirtschaft, sie waren keine Unternehmer, wie es Landwirte heute sein müssen, wenn sie auf schwierigem Markt bestehen wollen. Sie bebauten ihre Felder, sie betrieben Viehzucht, sie fertigten alles Notwendige möglichst selbst und hatten nur begrenzt Handwerker für den örtlichen Bedarf. Sie lebten in der Abhängigkeit von ihrem Grundherrn, dem sie Abgaben zu leisten hatten und dem sie auf Verlangen im Frondienst zur Hand gehen mussten. Sie lebten in Unfreiheit, denn Grund und Boden ihres Gutes und Hofes waren Besitz des Grundherrn, vor den sie auch alle ihre bescheidenen Rechtsgeschäfte zu bringen hatten.

Ihr Gemeinschaftsgeist war nur wenig ausgeprägt. Geregelt wurden in den Dorfordnungen nur die Dinge, die unbedingt vonnöten waren, um die landwirtschaftliche Tätigkeit nicht zu behindern, die Nutzung des gemeinschaftlichen Landes und der Weideflächen, die Anstellung des Hirten, die Verwaltung und Rechnungslegung des vergleichsweise geringen Ortsvermögens, zu dem nur ganz wenige Gemeinschaftsgebäude gehörten, oftmals nur das Hirtenhaus. Immerhin besaß das Dorf Lauf angesichts seiner Entfernung zum Pfarrsitz Neunkirchen schon eine Johannes dem Täufer geweihte Kapelle, die zuoberst im Dorf an hochwassersicherer Stelle errichtet worden war.

In unmittelbarer Nachbarschaft bestanden also im 13. Jahrhundert zwei ganz unterschiedliche Siedlungskerne der späteren Stadt. Das Dorf mit einigen Mühlen lag als lockere Streusiedlung am Uferabhang, durchzogen von einem alten Fernweg, der hier den Fluss überquert, und in enger Nachbarschaft zu einer Burg, deren Schutz man nutzte, von der man aber auch in allen Dingen unmittelbar abhängig war, denn dort saß der Ministeriale, später der Amtmann, der Pfleger, der Vertreter des Grundherrn, dem die dörflichen Anwesen mit ihren Bewohnern und allem Hab und Gut als „Burglehen" unterstellt waren.

Nur wenige Schritte davon entfernt, wohl auf ursprünglich dörflicher Flur entstanden, breitete sich die „moderne" Siedlung des Marktes aus, planmäßig gestaltet an ihrer Lebensader, der ausbaufähigen Handelsstraße nach dem Osten, Heimat für eine Gemeinschaft von Handwerkern und Händlern. Der Markt umfasste eine ganz andere Welt mit Bedürfnissen und Lebensformen, die auch einer anderen und differenzierteren Ordnung bedurften als die schlichten, einförmigen Vorgänge im Dorf.

Amberg – Nabburg - Lauf

Der Markt Lauf hatte schon einige Jahrzehnte bestanden, er hatte seine Attraktivität bewiesen und ausgebaut, bestimmte Traditionen und Regelungen im Marktgeschehen hatten sich entwickelt, als mit dem Tode des letzten Staufers Konradin 1268 der bayerische Herzog Ludwig II., genannt der Strenge, das Erbe antrat. Der Beiname „der Strenge" ist wohl nicht ganz zutreffend, eigentlich müsste man sagen „der Jähzornige" – eine negative Eigenschaft, die übrigens bei einer Reihe von Angehörigen des Hauses Wittelsbach festzustellen war.

Ludwig ließ seine Ehefrau Maria von Brabant unter dem Verdacht der Untreue enthaupten. Diese unbedachte Tat wurde später durch die Stiftung des Zisterzienserklosters Fürstenfeld gesühnt.

Vom Jähzorn, von der Strenge des Herzogs wurde Lauf nicht betroffen, wohl aber von einer anderen Eigenschaft Ludwigs, von seinem nüchternen Machtstreben. Hier kam ihm das Erbe Konradins recht, denn damit konnte er seine bisher verstreuten Besitzungen auf dem Nordgau zu einem geschlossenen Territorium zusammenfügen, und da gehörte nun auch als westlicher Eingangsbereich von Nürnberg her auch Lauf dazu. Der Landesherr lässt seine alten und neuen Besitzungen in einem Besitzstandsverzeichnis , einem sogenannten Urbar oder Salbuch, niederschreiben. Es ist ein wichtiges Kompendium der Besitzungen, Rechte und Einkünfte, die dem Herzogtum eigen sind. Das Urbar für Bayern nördlich der Donau ist nicht genau zu datieren, es entstand zwischen 1275 und 1285. Darin wurde der Besitz zusammengefasst, der dem herzoglichen Verwaltungsamt, dem sogenannten „Vitztumamt" in Burglengenfeld an der Naab unterstand. Wir finden darin auch Lauf mit der ältesten uns überlieferten Beschreibung. Erwähnt werden bereits die Burglehen des Dorfes, vier Mühlen an der Pegnitz, der Markt, die Amtsburg im Fluss sowie zahlreiche weitere Zugehörungen in Seiboldshof, Nuschelberg, Wetzendorf, Heuchling, Kuhnhof und anderen Orten, die somit den Umfang des späteren Pflegamts und Gerichtsbezirks Lauf erkennen lassen.

Herzog Ludwig fügte aus einem Gemenge von Rechten, Splitterbesitz, Einzelherrschaften und Gütern ein geschlossenes Ganzes zusammen, in dem Märkte und Städte eine wichtige Rolle spielten. Er schuf eine straffe Verwaltungsstruktur und Ämterverfassung und schuf damit die Grundlage für den Territorialstaat Bayern. Im Unterschied zu den Herzogtümern Franken und Schwaben, die früh zersplittert wurden und in ihrer Gesamtheit keine Bedeutung mehr haben sollten, wurde Bayern ein geschlossenes Herzogtum, das sich trotz mancher Teilung im Haus Wittelsbach doch zu einer gefestigten Komponente im Reich entwickelte und somit den Grundstock bildete für das spätere Königreich und den heutigen Freistaat Bayern. Das wirkt bis heute nach, wenn man die Länderkarte Deutschlands betrachtet: Bayern hat sich als großer Flächenstaat behauptet, freilich mit dem schweren Verlust der Rheinpfalz, Schwaben und Franken jedoch sind zersplittert geblieben in den Bundesländern Bayern, Baden-Württemberg und Thüringen.

Lauf hatte am Ausbau, an der Festigung des bayerischen Herzogtums Anteil, ja seine Entwicklung vom 13. bis zum 15. Jahrhundert ist nur in diesem Zusammenhang richtig zu verstehen. Die Laufer empfinden sich heute vor allem als Franken, die spätere Zugehörigkeit zum Territorium der Reichsstadt Nürnberg hat wesentlich dazu beigetragen. Wenn man aber von den Nürnbergern behauptet, sie seien von ihrer Bevölkerungsherkunft halbe Oberpfälzer, so kann man das von Lauf noch mit größerem Recht sagen. Es ist festzuhalten, dass die wichtigen Impulse für Lauf im Mittelalter eindeutig aus östlicher Richtung kamen, von Bayern und Böhmen, aber auch von der Pfalz. Mit Pfalzbayern war Lauf nach dem Übergang an die Reichsstadt Nürnberg weiterhin konfrontiert, denn der westlichste Vorposten wittelsbachischer Interessen in der Oberpfalz waren die Festung Rothenberg und das zugehörige Amt Schnaittach.

Die Konsolidierung des bayerischen Territoriums auf dem Nordgau wurde auch nach dem Tode Herzog Ludwigs II. im Jahr 1294 fortgesetzt. Nachfolger wurde der älteste Sohn Rudolf I., der im Alter von 19 Jahren das Regiment übernahm, zugleich auch für seinen jüngeren, noch unmündigen Bruder Ludwig, mit dem er später in vielfache Auseinandersetzungen geriet. Als Kaiser Ludwig der Bayer ist dieser jüngere Bruder später in die Reichsgeschichte eingegangen.

Die „Bayerische Biographie“ vermerkt zu Herzog Rudolf I., Herzog von Oberbayern und Pfalzgraf bei Rhein: „Seine Regierungszeit bedeutete für Bayern und die Pfalz eine kampferfüllte Zeit“. Dies ist ohne Zweifel richtig, wenn man allein den Bruderzwist mit dem jungen Ludwig bedenkt. Als dieser 1314 zum König des Reiches gewählt wurde, stimmte sein eigener Bruder sogar gegen ihn! Möglicherweise – es ist nicht erwiesen – wurde in den ständigen Auseinandersetzungen mit Ludwig, der auf der Seite der Habsburger stand, während sich Rudolf als Schwiegersohn König Adolfs von Nassau zur antihabsburgischen Fraktion hielt, die alte Ministerialenburg zu Lauf zerstört.

Glücklicherweise war die zitierte „kampferfüllte Zeit“ nicht ausschlaggebend dafür, dass Lauf diesem Herzog Rudolf ein bleibendes Denkmal in seiner Geschichtsschreibung zu setzen hat. Für diese Stadt wurde der Herzog in anderer Hinsicht wichtig, nämlich als Persönlichkeit, die im Geiste ihres Vaters den Landesausbau fortgesetzt hat zur eigenen Machtstärkung, aber damit zugleich zum Wohl vieler Märkte und Städte gerade auf dem Nordgau. Herzog Rudolf baute da weiter, wo sein Vater Ludwig der Strenge, sein Großvater Otto der Erlauchte und sein Urgroßvater Ludwig der Kelheimer begonnen hatten. Bezieht man das Herzogtum Niederbayern noch mit ein, so waren im 13. Jahrhundert unter den genannten Regenten fast 40 Märkte und über 20 Städte neu gegründet worden, eine gewaltige Aufbauleistung, die vor allem auf den herzoglichen Willen zurückgeht.

Rudolf konsolidierte die bereits entstandenen Märkte und Städte, er bestätigte ihre Rechtsordnung und gab ihr eine juristische Fassung. Ein solcher Vorgang betrifft 1294 Amberg, das aufblühende Handelszentrum im Erzabbaugebiet der Oberpfalz. Der Vater, Ludwig der

Blick auf die Stadtsilhouette von Nabburg
(Stadtarchiv Lauf)

Reitersiegel Herzog Rudolfs I. von der Nabburger Urkunde 1296 März 31
(Bayerisches Hauptstaatsarchiv München)

Strenge, hatte Amberg zur Stadt gemacht, Rudolf bestätigte die Rechte Ambergs, die damit erstmals schriftlich festgehalten wurden. Ähnliches ereignete sich zwei Jahre später in dem beherrschend und malerisch über dem Naabtal gelegenen Nabburg, das bereits 929 erwähnt wird und durch seine Lage an einer Fernhandelsstraße sowie als Verwaltungsmittelpunkt und befestigter Ort schon früh eine Rolle spielte. Auch dort stellte Herzog Rudolf Rechtsprivilegien aus, die das bereits bestehende oder sich entwickelnde Stadtrecht bestätigten und festschrieben. Die Urkunde kleidet dies in 16 Artikel und führt abschließend im Artikel 17 aus, dass Nabburg darüber hinaus auch all die Rechte erhalten solle, die bereits die Stadt Amberg besitze. Ein Teil des Nabburger Stadtrechts wird also durch eine schlichte Verweisung von Amberg her übertragen.

Wieder zwei Jahre später – man schreibt nun das Jahr 1298 – lässt Rudolf I. am Tag des Heiligen Nikolaus, dem 6. Dezember, als er gerade in Nürnberg in der Nähe seines Schwiegervaters König Adolf weilte, neuerlich eine ähnliche Urkunde ausstellen, die sich aber leider im Unterschied zu der Amberger und Nabburger nicht im Original, sondern nur in einer späteren Abschrift der herzoglichen Kanzlei erhalten hat.

Diese Urkunde ist nur für Lauf bestimmt und ihr Text ist so kurz, dass er im vollen Wortlaut wiedergegeben werden kann:

Wir, Rudolf, von Gottes Gnaden Pfalzgraf zu Rhein und Herzog zu Bayern, tun kund allen denen, die diesen Brief sehen oder hören lesen, dass wir die Treue unserer lieben Bürger zu Lauf angesehen haben, die sie uns und unserem Vater selig erzeigt haben und auch noch erzeigen mögen. In der Erwartung, dass sie uns um so williger und fröhlicher dienen werden, bekunden wir mit diesem unserem Brief unseren Willen, dass sie alle die Rechte, Freiheiten und Gnaden erhalten, die unsere lieben Bürger von Amberg und Nabburg von uns erhalten haben und davon auch unseren öffentlichen Brief besitzen, und beurkunden ihnen die zuvor genannten Freiheiten, Rechte und Gnaden mit diesem Brief, der mit unserem Siegel gesiegelt ist. Dieser Brief ist gegeben zu Nürnberg am Sankt Nikolaustag im Jahr 1298 nach Christi Geburt.

Wer ahnungslos „diesen Brief sieht oder lesen hört" wird mit Recht sagen: Ist das alles? Wo stehen die einzelnen Artikel, die das Laufer Recht privilegieren, welches sind diese Rechte,Freiheiten und Gnaden, die da gleich zweimal ausdrücklich erwähnt werden? Die Laufer Urkunde ist ganz einfach eine Verweisung. Es werden Rechte, Freiheiten und Gnaden verliehen. Wer wissen will, was man darunter im Einzelnen verstehen soll, der wird auf den Rechtskommentar verwiesen, den die beiden älteren Urkunden von Amberg und Nabburg bereithalten, oder anders gesagt, ohne die Kenntnis der Amberger und Nabburger Urkunden wird man den Laufer Freiheitsbrief nicht verstehen. Es sind nicht Bequemlichkeit, Nachlässigkeit oder Eilfertigkeit, die zu dieser kurzen Laufer Urkunde führten, es ist rationelles Handeln, und es ist zugleich ein Beweis dafür, dass sich die Amberger und Nabburger Rechtsordnungen bereits bewährt hatten. Sie sind in der Zusammenschau passend für die Laufer Verhältnisse, das örtliche „Kolorit" erhalten sie ohnehin im Laufe der weiteren Entwicklung des Gemeinwesens.

Durch die Übernahme der Amberger und Nabburger Rechtsverhältnisse wird Lauf eingebunden in die Amberger Rechtsfamilie, in die Gemeinschaft der Märkte und Städte, die ihre Grundordnung unmittelbar oder mittelbar nach Amberger Vorbild erhalten haben. Auch dadurch ist Lauf eng mit dem Nordgau, mit Ostbayern, verbunden, denn das Amberger Stadtrecht war natürlich vorwiegend im Gebiet der heutigen Oberpfalz und des angrenzenden Franken beheimatet. Dazu gehören unter anderem auch Schnaittach und Altdorf, Kastl, Pressath, Auerbach, Schwandorf und Sulzbach. Lauf und Erlangen sind die westlichsten Vorposten gegen das weitausgreifende und sehr bedeutende Nürnberger Stadtrechtsgebiet.

Bei auftretenden Problemen, bei Rechtsunsicherheit, konnte man damals ja nicht zu detaillierten Gesetzessammlungen und Kommentaren greifen, es war noch nicht alles bis ins Letzte bestimmt und dezidiert geregelt. So blieb den Angehörigen der Rechtsfamilie aber immer die Nachfrage, die Beratung der Mutterstadt, des Rechtsoberhofes, also im Laufer Fall Amberg.

Von dort konnte man Rat, Belehrung, aber auch Rechtsgutachten erbitten aus der Erfahrung, die dort bereits erwachsen war. Bei Streitigkeiten konnte der Rat der Stadt Amberg sogar als höhere Instanz wie ein heutiges Verwaltungsgericht angerufen werden. Ob dies im Fall von Lauf jemals geschah, ist unbekannt, denn die mittelalterlichen Dokumente der Registratur des Laufer

Amberg von Nordwest.
Stahlstich von C. Steinicken nach einer Zeichnung von B. Grueber, 2. Hälfte d. 19. Jh.
(Städtische Sammlungen Lauf)

Eschenau.
Kupferstich von Christoph Melchior und Matthäus Roth nach einer Zeichnung von Magnus Gottfried Lampferdtinger, 1760
(Städtische Sammlungen Lauf)

Rathauses haben sich nicht erhalten, sie fielen dem Zweiten Markgrafenkrieg 1553 zum Opfer.

Einmal in der unmittelbaren Nachbarschaft hat Lauf dann im Jahre 1331 sein eigenes Recht wiederum an eine „Tochter“ der Amberger Rechtsfamilie weitergegeben. Am 7. April des Jahres 1331 gewährt Herzog Rudolfs Bruder Kaiser Ludwig der Bayer der Frau Offney Weigelin, Grundherrin des Ortes Eschenau, die Abhaltung eines Wochenmarktes an jedem Donnerstag sowie eines Jahrmarktes jeweils am St. Bartholomäustag, dem Patron der Eschenauer Pfarrkirche. Weiterhin heißt es in der Urkunde: „Auch geben wir denselben Märkten alle die Marktrecht und Freiung, die der Markt Lauffen habend ist“. Wiederum werden diese Rechte und Freiheiten nicht einzeln genannt, es wird vielmehr auf Lauf und damit mittelbar auf Nabburg und Amberg zurückverwiesen. Durch seine verkehrsgünstige Lage an der Straße Forchheim-Regensburg, an der Eisenstraße und an der Sächsischen Handelsstraße, durch seinen Hopfenhandel, die Brau- und Schankstätten und weitere Gewerbe besaß Eschenau die Voraussetzungen für das Marktrecht nach Laufer Vorbild. Gemäß der Bayerischen Gemeindeordnung wurde die Bezeichnung Markt im Zuge der Gebietsreform 1972 auf die neugebildete Großgemeinde übertragen, die nun den künstlichen Namen Markt Eckental trägt, ein Vorgang, den besonders alteingesessene Eschenauer, aber auch viele Historiker bis heute ablehnen.

Neue Freiheiten

Die Bedeutung des Laufer Privilegs von 1298 kann aus dem Kontext der ausführlichen Bestimmungen der Amberger und Nabburger Dokumente vor allem in sechs Bereichen aufgezeigt werden:

In einer unruhigen Zeit, von der Parteinahme Herzog Rudolfs für König Adolf im Gegensatz zu den Habsburgern und seinem eigenen Bruder Ludwig war bereits die Rede, besteht immer Bedarf nach Rechtssicherheit. So steht an vorderster Stelle der gewährten Privilegien die Ordnung des Gerichtswesens. Zudem treten an einem Platz, an dem gehandelt wird, an einem Markt, immer auch Rechtsstreitigkeiten auf. Das liegt in der Natur der Sache: Es wird gekauft und verkauft, man fühlt sich vielleicht übervorteilt, es kann jemand seine Schuld nicht bezahlen und ähnliche Vorgänge. Der Freiheitsbrief regelt den Gerichtsstand für solche Fälle. Das Marktgericht, bestehend aus den von den Bürgern gewählten Schöffen unter Vorsitz eines vom Landesherrn eingesetzten Richters, wird dazu bestimmt, alle auftretenden Rechtsfälle zu entscheiden, die mit dem Handelsgeschehen, mit Verschuldung und mit Körperverletzungen zu tun haben. Nicht in die Zuständigkeit des Marktgerichts gehören alle Fälle von Raub, Totschlag und Mord. Sie unterliegen der Hohen Gerichtsbarkeit, die dem Landesherrn, für Lauf ausgeübt durch das Landgericht Sulzbach, zustand. Sulzbach war nach damaligen Wegverhältnissen eine Tagesreise entfernt, in besonderen Fällen kam der Landrichter daher auch vor Ort zu Gerichtssitzungen, später entwikkelte sich Lauf mit seinem umgebenden Amtsbezirk zu einem eigenen Hochgericht, das aber weiterhin unter landesherrlicher Verantwortung stand und zumeist vom Pfleger geleitet wurde.

Ein zweiter Bereich, den das Privileg ordnete, ist die Rechtsstellung des Bürgers. Schon der Begriff lässt aufhorchen: Die Bewohner des Marktes Lauf sind Bürger, im Unterschied zu den „Leuten“, so bezeichnete man die Einwohner der vom Grundherrn abhängigen Dörfer. In der Tat, all das, was in diesem Privileg über die persönliche Stellung des Marktbewohners ausgesagt wird, trennt diesen um Welten von dem bäuerlichen Zinsbauern. Der Bürger lebt in einer Gemeinschaft, in der alle gleich sind in ihren Rechten, aber auch in ihren Pflichten gegenüber dem Gemeinwesen. Die Gleichstellung geht soweit, dass vor dem Marktgericht Adelige und Bürgerliche gleichgeachtet sind. Der Bürger hat einen freien Willen, er kann nicht zu einem Amt verpflichtet werden, er ist frei in der Eheschließung, es herrscht Freizügigkeit. Man kann von Lauf wegziehen und damit sein Bürgerrecht aufgeben, man kann aber auch von einem anderen Markt oder Stadt herziehen und um Aufnahme als Bürger nachsuchen. Auch die Ordnung seines Nachlasses regelt der Bürger in freier Selbstbestimmung. Heute sind das selbstverständliche Gegebenheiten, die für jeden Staatsbürger zutreffen, ganz gleich, ob er in Stadt, Markt oder Dorf wohnt.

Was in dem Freiheitsbrief so demokratisch klingt, war es im heutigen Sinne jedoch noch nicht, wenn man an die Stellung der Frau in der Gesellschaft denkt, die noch kein Amt übernehmen konnte, oder an die nicht wenigen Bewohner des Marktes in anhängiger Stellung als Knecht, Magd, Bediensteter, die nicht das an Grund und Boden geknüpfte Bürgerrecht erwerben konnten.

Eine Gruppe, die ebenfalls nicht dem Bürgerstand angehörte, wird aber doch im Grundprivileg besonders erwähnt, die Angehörigen des jüdischen Glaubens. Sie besitzen zwar als Nichtchristen kein Bürgerrecht, sie werden aber bewusst auf Grund ihrer Tätigkeit als Händler in das Marktgeschehen eingebunden. Sie sind in ihren Verpflichtungen den Bürgern gleichgestellt und können somit nicht zu besonderen Abgaben und Leistungen herangezogen werden, sie können wie jeder Bürger das Marktgericht anrufen und dort ihr Recht suchen. Gerade diese Verfügungen des Freiheitsbriefes waren nur von kurzer Dauer, denn bereits im 15. Jahrhundert wird von den jüdischen Einwohnern eine Sondersteuer verlangt, das „Schutzgeld", mit dem nachweislich Teile der Stadtbefestigung, z. B. der sogenannte „Judenturm", finanziert wurden. Nach dem Übergang Laufs an die Reichsstadt Nürnberg wurde Juden dann auf Dauer das Wohnrecht untersagt.

In einem Ort mit Marktgeschehen muss auch die Stellung des fremden Händlers und Kaufmanns gesichert sein. Hier formuliert der Freiheitsbrief, dass der auswärtige Marktbesucher in allen Dingen des Marktgeschehens dem örtlichen Bürger gleichgestellt ist, aber keine zusätzlichen Privilegien genießt. Es herrscht also völlige Gleichberechtigung beim Handel.

Da die Zeiten unsicher sind und die Kaufmannswagen unterwegs manche Begehrlichkeit rechtloser Wegelagerer und Strauchdiebe wecken könnten, gewährt man den fremden Kaufleuten ein bewaffnetes Schutzgeleit innerhalb der Verwaltungsgrenzen des Laufer Amtsbezirks, von Erlenstegen im Westen bis zum „Steinernen Brücklein" östlich von Heuchling. Diese Leistung muss allerdings honoriert werden durch die Bezahlung von Geleitszoll, der an den Zollhäusern der Stadt erhoben wird. Der Geleitschutz wird vom Pfleger im Schloss gestellt, demnach fließen auch die Zolleinnahmen in die herzogliche Kasse. Der später davon abgetrennte Pflasterzoll kommt jedoch der Stadtkasse zugute und machte in guten Zeiten 10% der städtischen Jahreseinnahmen aus. Er wurde erst im Inflationsjahr 1923 eingestellt.

Seine größte Bedeutung hatte der Laufer Warenzoll sicherlich in der Ära Karls IV., als hier sämtliche von Westen eintreffenden Waren geöffnet, vom Zöllner begutachtet und verplombt wurden. Sie mussten bis zum großen Ziel Prag nicht mehr geöffnet werden. Was der Laufer Zöllner attestiert hatte, das behielt für alle Zollstationen bis Prag Gültigkeit!

Am Zollhaus vor dem Oberen Tor in Lauf.
Radierung von H. Müller-Werther. (Städtische Sammlungen Lauf)

In böhmischer Zeit reichte die Laufer Geleitsstrecke sogar über Hersbruck hinaus bis Hohenstadt. Waren auf einer europäischen Handelsstraße wie der Goldenen Straße die wenigsten Waren für Lauf selbst bestimmt, so blieb doch durch den Zollaufenthalt Geld im Ort, denn Mensch und Tier brauchten auf ihrer anstrengenden Reise Nahrung, es mussten Wagen repariert und Hufe beschlagen werden, es galt manchen Reisemantel und ledernes Zaumzeug zu flicken.

Dazu passt auch ein weiterer Themenbereich des Freiheitsbriefes: Das Brau- und Schankrecht. Das Brauwesen, das in seiner ostbayerischen Form des Kommunbraurechts sicherlich damals bereits in Lauf Bedeutung hatte, erhält durch den Freiheitsbrief eine gesicherte Grundlage und wird durch ein Bannmeilenrecht vor unliebsamer Konkurrenz geschützt. Bier und Wein, aber auch der aus Honig bereitete Met, geliefert von den umliegenden Zeidlereien, sollten ungehindert von den Bürgern angeboten werden für den Eigenbedarf der Einwohner, aber auch für die Marktbesucher und Reisenden. Die Bewohner benachbarter Ortschaften im Umkreis einer Meile waren angehalten, ihren Bedarf an Getränken allein in Lauf zu decken, Brau- und Schankstätten außerhalb waren verboten, denn die Zentralität, die Wirtschaftskraft des Marktes Lauf, sollte auch dadurch gestärkt werden.

Bürgermeister und des Rats Vierer der Zeit zu Lauf 1659.
Das Glasgemälde mit den Wappen der Bürgermeister und Vierer in einem Fenster der Salvatorkirche versinnbildlicht die alte Laufer Ratsordnung.
(Stadtarchiv Lauf)

Die Bayerische Meile umfasste gut 7,5 Kilometer, und so hat man im Laufe der Zeit dieses Bannmeilenrecht auf das gesamte Amt Lauf ausgedehnt. Man konnte allerdings nicht verhindern, dass benachbarte, „ausländische“ Territorien – die Herrschaft Rothenberg, das Markgräfliche Vogtamt Schönberg und das Reichsadelige Rittergut Neunhof – nach und nach dem Laufer Bier Konkurrenz machten, weniger in der Stadt selbst als vielmehr in den Dörfern des Amtsbezirks.

Schließlich ist noch ein ganz wesentlicher und noch heute bedeutsamer Aspekt des Freiheitsbriefes zu würdigen: die Selbstverwaltung. Die Bürger erhalten das Recht, ihre gemeinsamen, den Markt betreffenden Angelegenheiten selbst zu regeln. Dabei sind ihnen natürlich Grenzen gesetzt, denn Lauf soll sich ja nicht zu einer Freien Reichsstadt, zu einem Stadtstaat wie Nürnberg, entwickeln. Das Wohl des Gemeinwesens war bei allen Entscheidungen zu beachten, vor allem aber auch das Recht des Herzogs und der Rahmen, den die herzogliche Kanzlei und die Landesgesetzgebung absteckten.

Mit dem Freiheitsbrief des Jahres 1298 wird erstmals die Ratsverfassung Laufs fassbar. Von da an wählten die Laufer Bürger aus ihrer Mitte elf Männer, die als Rat des Marktes über alle gemeinschaftlichen Angelegenheiten entscheiden, dem Personal der Marktverwaltung vorstehen und für das Vermögen und die Haushaltsführung verantwortlich sind. Ihre Beschlüsse sind verbindlich. Wer diesen zuwiderhandelt, kann bestraft werden. Diese Grundstruktur der Laufer Gemeindeverfassung ist über Jahrhunderte erhalten geblieben und wurde erst im 19. Jahrhundert durch die magistratische Gemeindeordnung im Königreich Bayern abgelöst.

Das Kollegium der elf Männer bestand aus dem Inneren Rat, dem sieben Bürgermeister angehörten. Sie betreuten einzelne Sachgebiete wie das Bauwesen, das Almosen, die Stiftungen oder die Finanzen. Alle vier Wochen lösten sie sich in der verantwortlichen Leitung der Amtsgeschäfte des regierenden Bürgermeisters ab. Dem Äußeren Rat gehörten vier Bürger an, die sogenannten „Ratsvierer“. Sie bildeten eine Art Kontrollorgan des Inneren Rates, ihnen oblag auch die Rechnungsprüfung der Stadt- und Stiftungskassen.

Vom Markt zur Stadt

Die genannten Bestimmungen erhalten mit dem Privileg vom 6. Dezember 1298 Rechtskraft. Sie sind mit Brief und Siegel gegeben, man kann sich jederzeit auf sie berufen, sie stehen in der ausgehändigten Urkunde – sie standen da, bis dieses wichtige Schriftstück mit vielen anderen Dokumenten im Zweiten Markgrafenkrieg 1553 in Flammen aufging. Wir sind daher, was die mittelalterliche Geschichte der Stadt betrifft, in vielem auf Vermutungen oder auf Fremdüberlieferung angewiesen.

Betrachtet man die Abhängigkeit der ländlichen Bevölkerung damaliger Zeit – und weitaus der größte Bevölkerungsteil lebte damals ja noch auf dem Lande und in der grundherrschaftlichen Ordnung des Herren und seiner Leute – und hört nun von den Rechten, die einem Ort wie Lauf damals verliehen wurden, so kann man in der Tat von einem Freiheitsbrief sprechen: Persönliche Freiheit, Handelsfreiheit, Freiheit der Selbstverwaltung.

Auf die Frage: „Warum verleiht der Herzog Lauf diese Freiheiten?“, könnte man wieder zum Ausgangspunkt zurückkehren und auf die günstigen Entwicklungsfaktoren verweisen. Es geht aber natürlich um Macht und Geld. Der Herzog erwartet sich etwas von dieser Rechtsverleihung. Er appelliert an die Treue seiner lieben Bürger zu Lauf, die sie seinem Vater Ludwig dem Strengen schon gezeigt haben und auch ihm selbst, er erwartet etwas von den Laufern: „Dass sie uns um so williger und fröhlicher dienen werden“. Er gewährt ihnen Kraft seiner Macht Freiheiten, Rechte und Gnaden. Die Laufer stehen in Abhängigkeit zu ihm, freilich nicht so wie die dörflichen Grundholden zu ihrem Herrn, sondern als Gemeinwesen, als Bürgerschaft. Herzog Rudolf stärkt die Position des Marktes Lauf, indem er viele Ordnungen und Gewohnheiten, die sich schon bisher unter seinem Vater und weiter zurück unter dem staufischen Herrscherhaus im Leben des noch jungen Gemeinwesens herausgebildet hatten, auf eine Grundlage bringt, eindeutig formulieren lässt und ausgestaltet. Er weist damit auch den Weg in die Zukunft in der Hoffnung, dass sich der so privilegierte Markt weiterhin noch besser entwickelt, oder, wie es die Urkunde staatsmännisch formuliert, „dass sie uns um so williger und fröhlicher dienen werden“. Doch womit soll man dienen? Antwort: Lauf soll ein befriedeter Ort sein, wo man Recht findet und Recht hält. Die Bürger sollen in eigener Verantwortung um ihr Gemeinwesen Sorge tragen und damit die Lebensverhältnisse in diesem Bereich des Herzogtums verbessern. Sie sollen für den Markt und das Marktgeschehen Sorge tragen und selbst Ideen entwickeln, wie der Handel und das Gewerbe noch mehr gefördert werden können. Sie sollen diesen Ort einladend und attraktiv gestalten, damit noch mehr Menschen sich hier niederlassen. Die Laufer Bürger sollen sich aber auch in Dankbarkeit ihrem Herzog dienstbar erweisen, darauf kommt es dem Landesherrn besonders an. Er erwartet von ihnen militärische Unterstützung im Ort selbst, dass sie ihren Markt und damit diesen wichtigen Posten seines Territoriums so gut wie möglich sichern, und darüber hinaus verlangte er, dass sie ihm Kriegsfolge leisten.

Aus späterer Zeit ist zu erfahren, dass Lauf bei jeder Kriegsleistung dem Herzog zwei Wagen und zwanzig Mann stellen musste. Die größte Erwartung setzte der Herzog aber auf das liebe Geld. Er erzielte bereits Einnahmen aus dem Dorf Lauf, von den Mühlen und den Höfen sowie aus den Außenorten des Amtes. Hinzu kommen nun aber die bereits genannten und nicht unerheblichen Zolleinkünfte. Von den einzelnen Bürgern erhebt der Herzog keine Steuern, wohl aber vom Markt als Gesamtheit die Herrschaftssteuer. Er ist darauf angewiesen. Geld brauchte er nicht nur für seine militärischen Unternehmungen, sondern auch für seine Verwaltung und für die beiden Hofhaltungen im Alten Herzogshof zu München und als Pfalzgraf bei Rhein auf der Burg zu Heidelberg.

Die bisherigen Ausführungen führen zu der Frage: War Lauf nach dem Privileg von 1298 noch Markt oder bereits Stadt? Amberg und Nabburg, von denen Lauf seinen Freiheitsbrief übertragen erhielt, waren eindeutig bereits Städte, Lauf jedoch wird bei der Verleihung seines Rechtes an Eschenau 1331 immer noch als Markt bezeichnet. In der Tat befand sich Lauf mit seinen neuen Freiheiten bereits ein beachtliches Stück weit auf dem Weg zur Stadt. Es war nicht nur im wirtschaftlichen Sinn Marktort, es war vom Recht seiner Selbstverwaltung her eigentlich schon einer Stadt ebenbürtig. Die Kriterien zwischen Markt und Stadt sind im Mittelalter ohnehin nicht eindeutig.

Aufbauend auf den Freiheitsbrief haben spätere Landesherrn, vor allem Kaiser Ludwig der Bayer und sein großer Gegenspieler und Nachfolger Karl IV., durch weitere Privilegien die Stadtwerdung Laufs vollendet. So wurden 1355 die Bestimmungen des Bürgerrechts erweitert. Nun erhielten auch Bewohner der ländlichen Umgebung die Möglichkeit, sich aus der Abhängigkeit vom Grundherrn zu lösen und nach dem Motto „Stadtluft macht frei“ nach Lauf hereinzuziehen. Damit waren auch die Voraussetzungen geschaffen, dass die beiden Siedlungsteile Dorf und Markt zusammenwuchsen und nun „die state zu Lauffn“ bildeten.

Diese erste Nennung der Stadtwürde ist einem Privileg Karls IV., ausgestellt zu Prag am 23. August 1355, zu entnehmen, in dem der neue Landesherr den Laufern all die Rechte ausdrücklich bestätigt, die sie von den Herzögen von Bayern erhalten hatten. Aus der zweiten Hälfte des 14. Jahrhunderts stammen schließlich Indizien, die vom Abschluss der Stadtentwicklung Zeugnis geben. Dazu gehören die Überlieferung des ersten Stadtsiegels, sichtbares Zeichen der Selbstverwaltung, und davon abgeleitet Wappen und Fahne. Was heute gerne als etwas Dekoratives angesehen wird, ist ja in Wirklichkeit Rechts- und Hoheitszeichen, Ausdruck eigenständiger Würde. Das Dorf musste alle Rechtsgeschäfte durch seinen Gemeindeherrn besiegeln lassen, die Bürgerschaft besitzt selbst Rechtsstand.

Schließlich erfährt man auch von der Befestigung der Stadt, ihrer Umfriedung mit Mauern, Gräben, Türmen und Toren. Eine ausgeprägte, ernst zu nehmende Ummauerung ist eines der wenigen stichhaltigen Kriterien, die im Mittelalter Markt und Stadt unterscheiden. Die Errichtung und ständige Unterhaltung der Befestigungsanlagen und ihre Verteidigung durch die Bürger selbst stellt eine bemerkenswerte, ja bewundernswerte Gemeinschaftsleistung dar, wenn man bedenkt, dass Lauf damals nur ein paar Hundert Einwohner hatte. In ähnlicher Weise künden auch andere öffentliche Einrichtungen vom Zusammenwirken der Bürger für ihre Stadt: Brücken und Straßen, Kirche und Schule sowie soziale Einrichtungen.

Der obere Marktplatz mit dem östlichen Querbau des Rathauses.
Älteste bekannte Aufnahme der Stadt, ca. 1870.
(Stadtarchiv Lauf)

Das bedeutendste Denkmal, das steingewordene Symbol des Freiheitsbriefes und der Stadtentwicklung ist der Marktplatz mit dem Rathaus. Der freie, großzügige Platz, eine Anlage, die einem Dorf völlig abgeht, ist Ort des Marktgeschehens und Versammlungsort der bürgerlichen Gemeinde. Der Laufer Markt folgt dem auf dem Nordgau üblichen Schema des sogenannten Bayerischen Straßenmarktes. Die lang gestreckte Marktzeile ist eigentlich nur eine verbreiterte Durchgangsstraße, die von Bürgerhäusern eingesäumt wird. So ist es in vielen Märkten und Städten der Oberpfalz, Niederbayerns, des östlichen Franken, teilweise auch Oberbayerns zu finden, Weiden, Auerbach, Neumarkt, Freystadt, Straubing, Deggendorf, Aichach, Pegnitz und Hersbruck sind dafür Beispiele. Die bayerische Marktanlage betont im Besonderen die bürgerliche Selbstverwaltung, denn das Rathaus steht hier nicht am Rande, eingerückt in die Front der Bürgerhäuser, sondern unübersehbar beherrschend in der Mitte des Platzes als zentraler Ort der Ratsversammlung, des Stadtregiments, der Gerichtssitzungen und als Markthalle. In Lauf ist diese bauliche Situation noch heute gegeben, während in manchen Nachbarorten, in Schnaittach, Erlangen-Altstadt und Gräfenberg, das freistehende Rathaus im Lauf der Zeit beseitigt wurde. Im alten Laufer Rathaus ist zwar heute nicht mehr der Sitz der Stadtverwaltung, aber der Marktplatz als Ganzes nimmt im Bewusstsein der Bevölkerung immer noch eine Sonderstellung ein. Man denke nur daran, wie oft dieser Markt in den zurückliegenden Jahren im Mittelpunkt kommunalpolitischer Diskussion stand, ob es nun um die Verkehrsberuhigung, den Einzelhandel, die Platzgestaltung oder um die Frage eines neuen Brunnens ging. Der Markt ist also noch heute ein Thema in der Stadt.

Der vor 700 Jahren gewährte Freiheitsbrief war der wichtigste Schrittmacher in der Entwicklung Laufs vom Burgdorf zum Markt, zur bayerischen, dann böhmischen und wiederum bayerischen und pfalzbayerischen und schließlich Nürnbergischen Amtsstadt, zur königlich bayerischen Munizipalgemeinde im 19. Jahrhundert, zur modernen Kreisstadt heute. Gewiss, es gab immer wieder Rückschläge: Nach 1504 beschnitt die Reichsstadt Nürnberg unter dem Motto „Nürnberger Recht bricht Laufer Recht“ viele Freiheiten, zwischen 1806 und 1818 stand Lauf wie alle Gemeinden Bayerns unter dem Kuratel des Staates, in der Zeit des Nationalsozialismus war auch die Stadtgemeinde nach dem Führerprinzip gemaßregelt. Der Würde, der Kraft, dem Erhaltungswillen des Eigenständigen konnten aber diese Eingriffe auf Dauer nichts anhaben.

Es ist heute ein Kennzeichen kommunaler Ordnung, dass sie im Rahmen der gesetzlichen Bedingungen und ihrer Leistungsfähigkeit den Bürgerinnen und Bürgern die Selbstverwaltung in Eigengestaltung zur verantwortlichen Aufgabe macht. Das Beispiel von Lauf zeigt uns, wie es dazu kam. Zuerst waren es Freiheiten, Rechte und Gnaden, von oben her aus gewissen machtpolitischen und ökonomischen Erwägungen eingeräumt. Später wurden diese Rechte erkämpft, man denke an die Ereignisse des Jahres 1848, die allgemein mit dem Symbol der Frankfurter Paulskirche umschrieben werden. Der Bundespräsident hat in einem Beitrag zu der vor 150 Jahren erkämpften bürgerlichen Freiheit geäußert: „Die Demokratie ist in Europas Städten geboren. Hier bleibt ihre Lebensquelle, hier ist sie am direktesten erfahrbar, hier ist sie den Bürgern am nächsten“. Dass es so bleiben möge, ist Aufgabe der Gegenwart und Zukunft für Bürgermeister und Stadtrat, für alle Bürger. Mögen sich allezeit „liebe und treue“ Bürger bereitfinden, der Sache des Gemeinwohls „willig und fröhlich“ zu dienen, jeder an seinem Platz, denn Freiheit, Recht und Gnade sind die wertvollsten Güter unserer Gemeinschaft!

Unter dem böhmischen Löwen

Die mittelalterliche Blütezeit der Stadt Lauf und ihre Nachwirkungen

Nach einem Vortrag, gehalten im Rahmen der „Böhmischen Tage“ des Evangelischen Forums im Festsaal des Alten Rathauses in Lauf am 17. Mai 1990

Jeden Mittag um 12 Uhr drängen die Touristen am Nürnberger Hauptmarkt zur Fassade der Frauenkirche, und auch mancher Einheimische bleibt einige Minuten stehen. Das Interesse gilt dem „Männleinlaufen“, der Kunstuhr oben am Michaelschor. Mit dem Glockenschlag öffnen sich die beiden Türen, und in feierlichem Zug erweisen sieben „Männlein“, es sind die Sieben Kurfürsten des Reiches, der Kaisergestalt, die beherrschend in der Mitte thront, ihre Reverenz. Der Betrachter bewundert das aus vielen Details bestehende Kunstwerk, doch nach dem dreimaligen Umlauf der fürstlichen Herren klappen die Türen zu, die Schlagglocken verstummen, und die Zuschauer verlaufen sich. Zurück bleibt die kaiserliche Majestät, die den ganzen Tag über auf das Treiben des Marktes hinunterblickt. Sie verkörpert eine historische Persönlichkeit, die in der Vergangenheit Nürnbergs einen wichtigen Platz einnimmt, deren Bedeutung für Lauf aber noch weit größer ist: Karl IV., König von Böhmen und Kaiser des Heiligen Römischen Reichs. Ein Denkmal dieses spätmittelalterlichen Monarchen sucht man zwar in Lauf vergebens, aber man hat immerhin 1999 die neue Ostumgehung der Innenstadt „Karlstraße“ und ihre Pegnitzüberquerung „Karlsbrücke“ benannt. Diese späte Ehrung gilt einer Persönlichkeit, die wie keine andere ein Kapitel der Laufer Geschichte bestimmt

Kaiser Karl IV.,
Kupferstich aus der Historischen Chronica von Ludwig Gottfried.
Verlegt bei Matthäus Merian, Frankfurt am Main, 1657
(Städtische Sammlungen Lauf)

hat. Mit Karl IV. begann der Kontakt zwischen Lauf und Böhmen, der im Wechsel der Zeiten immer wieder bestanden hat, einmal sehr eng und wirkungsvoll, dann wieder nur selten und zufällig und nicht immer freundschaftlich und friedlich.

Der Hausmachtpolitiker

Wer war dieser Karl IV.? Er war König von Böhmen, deutscher König und römischer Kaiser, der „Kaufmann auf dem Königsthron", „Böhmens Vater, des Heiligen Römischen Reiches Erzstiefvater", die „bedeutendste Herrschergestalt des Mittelalters", der „Pfaffenkönig". Das sind teils anerkennende, teils weniger schmeichelhafte Bezeichnungen, beschränken wir uns daher ganz nüchtern und in gebotener Kürze auf die Fakten, auf Leben und Taten dieses vierten Karl.

1316 wird der nachmalige Karl IV. in Prag geboren. Seine Eltern sind Johann von Luxemburg und Elisabeth von Böhmen. So verbinden sich in ihm sozusagen das westliche und das östliche Mitteleuropa. Der Großvater väterlicherseits hatte bereits als Heinrich VII. die Kaiserwürde für seine Familie, die Luxemburger, errungen. Johann, der Vater Karls, erheiratete das böhmische Königreich. Karls Mutter Elisabeth war die Letzte der stolzen Přemysliden, der alten böhmischen Dynastie.

Zwei Heilige zählt Karl zu seinen Vorfahren und er nimmt immer wieder auf sie Bezug: Karl der Große, der Herrscher des Frankenreiches, und Wenzel, der böhmische Herzog, der sein Land dem Christentum öffnete und dafür den Märtyrertod starb. Beide spielen auch im Namen Karls eine Rolle, denn sein Taufname ist Wenzel und bei seiner Firmung nahm er den Vornamen Karl an, der sich zwar unmittelbar auf seinen Onkel, den französischen König Karl IV. bezieht, aber vom Kaiser selbst immer wieder hin auf Karl den Großen gedeutet wird.

Die Erziehung des jungen Karl am französischen Hof, seine Kontakte zum päpstlichen Hof in Avignon und zu seinem Großonkel Balduin, dem Kurerzbischof von Trier, prägten ihn zu einem für Kunst und Literatur aufgeschlossenen Monarchen, der selbst fünf Sprachen, Deutsch, Tschechisch, Französisch, Latein und Italienisch, beherrschte. Karl entwickelte sich zu einem klugen Politiker und Verwaltungsfachmann, der bereits in jungen Jahren in Mähren, Böhmen und Tirol wertvolle Erfahrungen sammelte. Der „Europäer" Karl war aber auch ein echter Repräsentant seiner mütterlichen böhmischen Heimat, das wird gerade auch in den historischen Spuren deutlich, die er in Lauf hinterlassen hat.

1346 wurde Karl zum böhmischen und zum deutschen König gekrönt, seit 1355 trug er die Kaiserkrone. Er starb 1378 und wurde im Prager Veitsdom beigesetzt. Das Heilige Römische Reich Deutscher Nation verdankt ihm die Gründung der ersten mitteleuropäischen Universität 1348 in Prag, die Förderung einer deutschen Kanzleisprache, die dann Luther mit seiner Bibelübersetzung weiterentwickelte, den Erlass der „Goldenen Bulle" 1356, jenes Reichsgrundgesetzes, das in wesentlichen Zügen bis zum Beginn des 19. Jahrhunderts Gültigkeit hatte, das bereits erwähnte Nürnberger „Männleinlaufen" erinnert daran.

Karl IV., ein Herrscher von europäischem Format, der wohl bedeutendste Kaiser des späten Mittelalters, der seiner Zeit weithin eine Epoche des Friedens und der Blüte von Kunst und Kultur bescherte, wurde in historischen Abhandlungen und im Rahmen von Ausstellungen mehrfach gewürdigt. Für seine bedeutsame Verbindung mit Lauf ist der Begriff „Hausmachtpolitik" ausschlaggebend, Machtdenken und dynastisches Empfinden kommen ins Spiel. Karl lebte ja nicht nur dem Augenblick, er hatte die Zukunft seines Geschlechts, des Hauses Luxemburg, im Blickfeld seiner Politik. Es galt, die Voraussetzungen dafür zu schaffen, dass auch nach ihm dieses Haus seine Bedeutung behielt als eine Familie, die den höchsten Repräsentanten des Reiches stellen konnte.

In der Tat haben seine Söhne Wenzel und später Sigismund als deutsche Könige und im Falle Sigismunds auch als Kaiser, das Haus Luxemburg weiter in dieser Tradition geführt, wenn ihnen auch nicht mehr der Erfolg und die Ausstrahlung des Vaters beschieden waren.

Hausmachtpolitik, die darauf aus war, für die eigene Dynastie günstige territoriale Voraussetzungen zu schaffen, betrieben natürlich auch andere, die Habsburger und die Wittelsbacher zum Beispiel. Dass es gerade Karl IV. gelang, die Luxemburger in den Vordergrund zu bringen, war nicht zuletzt seinem diplomatischen Geschick und den geordneten Finanzen seines böhmischen Territoriums zu verdanken. Hier spielten die einträglichen Silberbergwerke von Kuttenberg eine große Rolle.

Das Wort Hausmacht lässt an militärische Aktion und unterjochte Gebiete denken, kriegerische Verwicklungen blieben auch unter Karl IV. nicht aus, aber seine finanziellen Möglichkeiten und seine vier Eheschließungen ließen auch friedliche Lösungen zu. Abgesehen von seiner ersten Frau, der Französin Blanche de Valois, weisen die Namen der späteren Gemahlinnen den hausmachtpolitischen Weg: Anna von Wittelsbach steht für

Wappen der böhmischen Bergwerksstadt Kuttenberg im Wappensaal des Laufer Wenzelschlosses (Stadtarchiv Lauf)

Pfalzbayern, Anna von Schweidnitz für das Herzogtum Schweidnitz und schließlich Elisabeth von Pommern für Pommern, alles Gebiete in der Nachbarschaft des böhmischen Königreichs. Karl schuf einen beachtlichen Komplex böhmisch-luxemburgischer Hausmacht, der Böhmen und Mähren, die Lausitz und benachbarte Gebiete, schließlich sogar die Mark Brandenburg und selbstverständlich das Ausgangsland Luxemburg sowie Brabant umfasste. Mittelpunkt dieser Hausmacht war nicht mehr die Grafschaft Luxemburg, sondern Böhmen mit Prag, das Karl in seinem großen Kunstsinn zu einer imposanten Hauptstadt ausbaute.

Mit seiner erfolgreichen Politik hatte Karl eine böhmische „Klammer" um das östliche Reichsgebiet gelegt, ein anderer Plan, die Querverbindung zwischen Böhmen und Luxemburg, gelang ihm jedoch nicht. Gedacht war an eine Verknüpfung der Hausmachtgebiete mittels einer Landbrücke, die auch die wichtigsten Zentren des Reiches – Nürnberg, Frankfurt am Main und Aachen – so verbinden sollte, dass sie von Böhmen aus ungehindert erreicht werden konnten, eine wichtige Voraussetzung für die Durchsetzung luxemburgischer Einflüsse auf die Wahl und Krönung eines deutschen Königs!

Die Entwicklung dieser böhmischen Hausmachtgebiete sollte sich an den bereits bestehenden Straßenverbindungen orientieren. Somit finden sich Ansätze dieser Politik in Gebietserwerbungen zwischen Nürnberg und Frankfurt verwirklicht. Karl erwarb Orte wie Prichsendorf, das er zur Stadt Prichsenstadt erhob, Markt Bibart, Wilhermsdorf, Iphofen, Mainbernheim, Heidingsfeld bei Würzburg und Homburg am Main, er machte sich den Deutschen Orden mit seinen zahlreichen Besitzungen in diesem Bereich gewogen, er wurde Schutzherr des Klosters Ebrach und erreichte auf dem Lehenswege die Öffnung der hohenlohischen Burgen an der Jagst, ja er sicherte diesen Weg von Nürnberg nach Frankfurt weitläufig ab durch Rechts- und Gebietserwerbungen bis hinab zur Donau und in das Gebiet von Aalen und Schwäbisch Gmünd. Durch Eigenbesitz, Schutzrechte und geschickte Lehenspolitik versuchte er, für sich und seine Dynastie den Weg durch das Reich zu sichern. Auf der zweiten Etappe zwischen Nürnberg und Frankfurt blieb dieses Projekt nur Stückwerk, im ersten Abschnitt zwischen der böhmischen Grenze und der Reichsstadt Nürnberg hingegen erzielte Karl einen geradezu vollkommenen Erfolg. Hier kam ihm neben seiner Finanzkraft auch seine durch Heirat geschaffene Verbindung zum Hause Wittelsbach sehr zugute.

Karl war noch nicht lange Witwer, als er sich 1349 in zweiter Ehe mit Anna, der Tochter des Wittelsbachischen Pfalzgrafen Rudolf II., verband. Diese Eheschließung erfolgte ganz bewusst im Hinblick auf seine hausmachtpolitischen Absichten, denn der Schwiegervater Rudolf war seit einer 1338 erfolgten Landesteilung im Hause Wittelsbach im Besitz gerade der oberpfälzischen Gebiete, die den Bräutigam besonders interessieren mussten. Als Mitgift brachte Anna von Bayern die Pfandschaft über die Orte Plech, Velden und Auerbach sowie über die Burgen Hartenstein und Neidstein ein. Der Auftakt zum Ausbau des böhmischen Besitzes in der nördlichen Oberpfalz und im östlichen Franken war damit erfolgt, aber eigentlich hatte sich Karl erhofft, durch seine Heirat auf möglichst günstige Weise den Besitz seines Schwiegervaters für sich zu sichern, doch Anna starb im vierten Ehejahr kinderlos. Der neuerlich verwitwete Karl erreichte sein Ziel trotzdem. Mehrfach hatte er seinem Schwiegervater und dessen Verwandten in finanziellen Nöten geholfen. Allein die an Rudolf II. geliehene Summe belief sich schließlich auf etwa 20.000 Mark in Silber. Als der Schwiegervater im gleichen Jahr wie die Gemahlin Anna starb, beharrte Karl umgehend auf Rückzahlung der Gelder, wohl wissend, dass die Wittelsbacher nicht in der Lage sein würden, diese Summe aufzubringen. So ließ sich Karl ganz in seinem Sinne durch Ländereien entschädigen und mehrte Schritt für Schritt seinen Einfluss und Besitz im Gebiet zwischen Böhmen und Nürnberg. Als er am 5. April 1355 zum Kaiser gekrönt wurde, ließ er diesen Besitz in einem Majestätsbrief einzeln auflisten mit der Bemerkung, dass diese Gebiete nun „für ewige Zeiten" dem Königreich Böhmen einverleibt sein sollten. Wie so oft in der Geschichte, dauerte diese Ewigkeit nicht allzu lange, Karl selbst hat ihr nach vergleichsweise kurzer Zeit ein Ende bereitet.

Das „Land zu Baiern"

Das „Böhmische Salbüchlein", ein Besitzverzeichnis, das 1366/68 für die Zwecke der Landesverwaltung angelegt wurde, vermittelt einen umfassenden Überblick über das von Karl im Zuge seiner Hausmachtpolitik geschaffene „Land zu Baiern", für das die spätere Geschichtsschreibung den Begriff „Neuböhmen" schuf.

Die Gebietserwerbungen des Kaisers orientierten sich an der Straße, die, von Prag kommend, nach Nürnberg führte, also die „Goldene Straße" oder „Nürnberger Straße". Nürnberg, die Stadt des ersten Reichstages, den ein neugewählter Herrscher einzuberufen hatte, war das erste große Etappenziel auf dem geplanten luxemburgischen Hausmachtweg von Prag über Nürnberg nach Frankfurt am Main, Aachen und schließlich Luxemburg. Dieser Verkehrsweg war das Rückgrat der neuböhmischen Gebiete. Bedeutende Orte in diesem Raum waren Bärnau, Neustadt an der Waldnaab, Weiden, Hirschau, Hersbruck und Lauf sowie die Hauptstadt Neuböhmens, Sulzbach. Karl beschränkte sich jedoch nicht nur auf den unmittelbaren Straßenkorridor bei seinen Erwerbungen, er sicherte das Gebiet weitläufig ab durch Burgen wie Reicheneck, Neidstein oder Hauseck, nicht zu vergessen der Rothenberg. Wichtige Bollwerke im Norden waren Auerbach und vor allem

Wappen der Grafschaft Sulzbach im Wappensaal des Laufer Wenzelschlosses (Stadtarchiv Lauf)

rechts: Wappen der Landgrafen von Leuchtenberg im Wappensaal des Laufer Wenzelschlosses (Stadtarchiv Lauf)

Pegnitz mit der Burg über der Stadt, die bereits in ihrem Namen den Gebietsanspruch des neuen Landesherrn zum Ausdruck bringt: Böheimstein. Im Nordwesten erreichte das neuböhmische Gebiet mit Erlangen sogar das Regnitztal.

Karl verstand es, diesen bereits sehr umfänglichen Komplex noch durch zusätzliche Verpflichtungen anderer Territorialherren zu stärken. So gelang es ihm, die Landgrafen von Leuchtenberg an sich zu binden. Sie begaben sich mit ihrem Territorium um Leuchtenberg, Pfreimd, Pleystein, Grafenwöhr und Betzenstein unter seine Lehenshoheit.

Besonders bemühte sich Karl IV. um die Nürnberger Burggrafen, die zur Partei seines Vorgängers, Kaiser Ludwigs des Bayern, gehört hatten. Sie für seine Sache zu gewinnen, war ihm wichtig für den weiteren Ausbau der böhmischen Hausmacht, denn die Burggrafen besaßen umfangreichen Besitz westlich von Nürnberg. Durch die Verleihung von Rechten und durch Belehnungen gelang es ihm, sie sich gewogen zu machen. Er gewährte ihnen das Stadtrecht für Baiersdorf an der Regnitz, unmittelbar nördlich des böhmischen Erlangen. Nach dem Aussterben des adeligen Geschlechts der Schlüsselberger sprach er deren Reichslehen dem Burggrafen zu. Darunter waren auch das Amt Neunhof bei Lauf mit Günthersbühl und Tauchersreuth sowie weitere Orte an der mittleren Erlanger Schwabach.

Sie bildeten für den Kaiser auch den Anschluss zwischen seinen Besitzungen Lauf und Erlangen, ergänzt durch die böhmischen Lehen Gräfenberg und Eschenau.

Dieses kunstvolle Gewebe aus Eigenbesitz und Territorien ihm verpflichteter und ergebener Herren wusste Karl mit Sorgfalt und Umsicht zu pflegen. Er trug auch Sorge für die vorbildliche Verwaltung seines neuböhmischen Gebietes. Landgericht, Landeshauptmannschaft und Landschreiberamt saßen zentral in Sulzbach auf halbem Wege zwischen Nürnberg und der bayerisch-böhmischen Grenze bei Bärnau. Zugeordnet waren die Amtmänner im Rang königlicher Beamter, die vor Ort in den Pflegämtern wirkten. Hinzu kam die militärische Absicherung durch zahlreiche Burgen wie Parkstein, Störnstein, Lichtenegg, Rothenberg und auch Lauf.

Böhmen dienstbar

1353 kam Lauf in böhmische Hand. Dieser Übergang erfolgte ganz anders als 150 Jahre später die militärische Besetzung der Stadt durch Nürnberger Truppen. Typisch für Karl IV., den berechnenden, geschickten Diplomaten, den friedliebenden Herrscher, verlief diese Erwerbung wieder einmal über den Geldbeutel. Der böhmische König hatte den Wittelsbacher Verwandten erneut aus Geldnöten geholfen, ja, er hatte sogar Rupprecht II. von der Pfalz ausgelöst, der in die Gefangenschaft des Herzogs von Sachsen geraten war. Er ließ sich das alles lohnen durch die Überschreibung von Wittelsbacher Besitz in der nordwestlichen Oberpfalz und dem angrenzenden Franken. So ging auch Lauf gemäß der in Hagenau im Elsass geführten Verhandlungen in die Hand Böhmens über. Für den Marktflecken an der Pegnitz begann eine kurze, aber für die zukünftige Entwicklung äußerst wichtige Blütezeit.

Lauf war damals bereits ein Ort mit zentraler Bedeutung für sein Umland, für Karls Vorstellungen, für seine hausmachtpolitischen Pläne, gewann diese Siedlung jedoch weit mehr an Bedeutung. Es war die verkehrsgünstige Lage an der Fernstraße Nürnberg-Prag, die hier auf die ältere Querverbindung Forchheim-Altdorf-Regensburg mit dem wichtigen Pegnitzübergang stieß. Zudem zweigte unmittelbar östlich von Lauf von der böhmischen Hauptroute nach Sulzbach, Tachau und Prag eine durch das Schnaittachtal in Richtung Marktredwitz und Eger führende weitere Fernstraße ab. Lauf wurde Sitz einer böhmischen Zoll- und Geleitsstation für den Abschnitt Erlenstegen-Hohenstadt und eines Pflegamtes, das in seinem Umfang und seiner Struktur Grundlage war für die spätere bayerische und nürnbergische Verwaltung und damit auch für den späteren Amtsgerichtsbezirk und den Landkreis Lauf bis zur Verwaltungs- und Gebietsreform der siebziger Jahre des 20. Jahrhunderts!

Noch eine weitere, besondere Auszeichnung erfuhr Lauf durch den Kaiser: Vermutlich in einem eingefriedeten Hofraum in der Nähe des Marktplatzes, die Bezeichnung „Münzhof“ erinnert noch heute daran, ließ Karl eine Münzprägestätte errichten. Die sogenannten „Laufer Pfennige“ oder „Karlspfennige“ haben einen Durchmesser von ca. 167 Millimeter. Es sind dünne, gehämmerte Silberplättchen, die das Porträt des Königs und die Buchstaben K L für Karl und Lauf tragen. Das Rohmaterial, wertvolles Silber, bezog man über die Goldene Straße aus Kuttenberg. Die Laufer Münze hatte für Neuböhmen große Bedeutung und war Vorbild für ähnliche Einrichtungen in anderen Orten. Als Lauf 1273 in den Besitz der Wittelsbacher zurückkehrte, verlegte man

Laufer Karlspfennig, Original und Umzeichnung. Die Umzeichnung rechts zeigt eine in Lauf geprägte Münze aus bayerischer Zeit nach 1373
(Städtische Sammlungen Lauf)

Das älteste Stadtsiegel an einer Urkunde des Jahres 1365 wird im Bayerischen Hauptstaatsarchiv München verwahrt
(Stadtarchiv Lauf)

die böhmische Münze nach Erlangen, die vorhandene Einrichtung in Lauf wurde aber von den Bayern weiter genutzt und erlebte in Nachbarschaft zur Nürnberger „Konkurrenz“ noch eine Nachblüte bis in das 15. Jahrhundert.

Eine Münzstätte und das dort verwendete wertvolle Rohmaterial setzen voraus, dass der Ort, an dem geprägt wird, auch abgesichert ist. Lauf dürfte also in dieser Zeit bereits eine schützende Stadtumwallung besessen haben, an die der Münzhof unmittelbar angrenzte. Eine Verfügung des Kaisers, dass die Laufer den Stadtgraben zu säubern hätten und dafür dort auch Fische halten dürften, weist auf die Befestigungsarbeiten in der böhmischen Epoche hin. Die bisherige Dorf- und Marktsiedlung erhielt nun mit Mauern, Gräben, Toren und Türmen urbanen Charakter und damit in Grundzügen bereits das Gesicht, das die Laufer Altstadt noch heute unverwechselbar besitzt.

Diese Veränderung des Ortsbildes nimmt ihren Ausgang von einem Ereignis im Jahre 1355, als am 23. August, oder wie es in der Urkundensprache heißt: „gegeben zu Prag, nach Christi Geburt, am Abend vor St. Bartholomäus, unseres Reiches des Römischen im zehnten Jahr, des Böhmischen im neunten Jahr und des Kaisertums im ersten Jahr“, Karl IV. „unseren lieben getreuen Bürgern zu Lauf“ ihre bisherigen, bereits 1298 vom bayerischen Herzog verliehenen Rechte bestätigt und noch beträchtlich erweitert. Die leider nicht mehr im Original, sondern in späteren Abschriften erhaltene Urkunde erlaubt den Laufern die selbstständige Regelung des Bürgerrechts. Abgesehen von Tötungsdelikten soll Lauf eigene Gerichtsbarkeit ausüben können. Außerdem billigt Karl einen weiteren Wochenmarkt zur Förderung des Handels und Gewerbes, der donnerstags stattfinden sollte. Damit bestätigte der Landesherr nicht nur alte Rechte und ergänzte sie, er erhob vielmehr Lauf in den Rang einer Stadt, wenn es auch darüber kein ausdrückliches Dokument gibt. Im gleichen Jahr taucht auch der Titel „Stadt“ erstmals für Lauf auf.

Die Stadtrechtsverleihung ist im Zusammenhang mit der Hausmachtpolitik des Kaisers zu sehen. Ein deutlicher Hinweis dafür sind Siegel und Wappen, die Karl seiner Stadt Lauf verlieh. Das älteste bekannte Stadtsiegel aus dem Jahr 1365 zeigt, flankiert von zwei Tür-

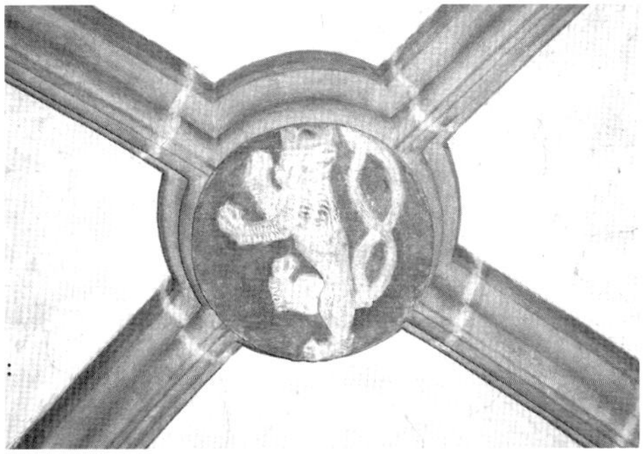

Das böhmische Wappen auf dem großen Schlussstein im Deckengewölbe des Wappensaales im Laufer Wenzelschloss (Stadtarchiv Lauf)

men über einer Zinnenmauer das Wappen Böhmens, den zwiegeschwänzten, gekrönten Löwen.

Noch deutlicher wird die Anspielung auf Böhmen jedoch in der Umschrift zum Ausdruck gebracht, die zwar wegen einer Fehlstelle an dem einzig erhaltenen Siegel nicht genau wiedergegeben werden kann, die sich aber sinngemäß aus dem Lateinischen übersetzen lässt:

„Lauf wird geachtet, weil es Böhmen dienstbar ist". Das ist kein nüchterner Eigentumsvermerk, es ist vielmehr eine Devise, ein Motto. Ähnliches lässt sich bei den Siegeln anderer neuböhmischer Städte feststellen, zum Beispiel „Sulzbach treues Glied der Böhmischen Krone" oder „Bärnau dient in Treue der böhmischen Krone". Diese Devisen sind einheitlich formuliert worden, vielleicht von Karl selbst. Das böhmische Stadtsiegel bildete die Grundlage für die spätere Wappengestaltung bis heute. Die Farben des böhmischen Löwens, Rot und Weiß, finden sich noch heute im Wappen und in den Stadtfahnen wieder, auch wenn das allgemein kaum bewusst ist, da diese Farben auch in der fränkischen Heraldik eine große Rolle spielen.

Blick auf das Wenzelschloss von Osten (Stadtarchiv Lauf)

Symbol der Macht: Das Wenzelschloss

Man kann es sich gut vorstellen, wie Lauf in der kurzen Zeit unter dem böhmischen Löwen aufblühte. Es gibt Hinweise, dass sich in dieser Epoche auch die Mühlenbetriebe am Fluss ausweiteten, vielleicht entstanden damals bereits die ersten Hammerwerke, wenn auch die erste Nachricht erst in nachböhmischer Zeit 1380 zu finden ist. Man kann es sich vor Augen führen, wie Händler und Kaufmannszüge die Tore der Stadt passierten und auf dem geräumigen Marktplatz Halt machten. Hier hatten sich die verschiedensten Handwerker angesiedelt, hier gab es Schankstätten und Herbergen, hier wurden zollpflichtige Waren gelagert, hierher kam man aus den Orten der Umgebung zum Pfleger, zum Gericht.

Diese bildhaften Vorstellungen von der mittelalterlichen böhmischen Stadt Lauf werden noch übertroffen von dem Bauwerk, das Karl IV. vor den Mauern der Stadt auf der gut gesicherten Insel in der Pegnitz errichten ließ. Das Wenzelschloss, wie es heute gerne genannt wird, steht wie ein mächtiges, steinernes Schiff im Fluss. 1360 war der Bau soweit vollendet, dass er genutzt werden konnte. Diese Burg war sicherlich ein Wehrbau, die abgeschlossene Lage, die Türme und Mauern weisen schon darauf hin, sie war aber vor allem ein Aufenthaltsort des reisefreudigen Kaisers an der Goldenen Straße, letzte Zwischenstation vor Nürnberg. Wenn auch der Herrscher auf sichere und bequeme Aufenthaltsmöglichkeiten Wert legte, so gehen doch die Raumkonzeption, die hohe Qualität dieser Wasserburg weit über das hinaus, was man sich selbst von einem kaiserlichen Übernachtungsquartier erwarten kann. Die Laufer Burg ist ein Haus der Repräsentation mit großen, kreuzrippengewölbten Räumen im Erdgeschoss und im ersten Stockwerk, mit mehreren weiteren Kammern und Stuben sowie mit kunstvollen architektonischen Details wie bearbeiteten Schlusssteinen, profilierten Türbögen, Plastiken und Erkern. Dieses für seine Zeit prächtige Bauwerk genießt auch heute noch in der deutschen und europäischen Burgenforschung einen hohen Rang. Der Gedanke liegt also nahe, dass das Laufer Wenzelschloss mehr sein sollte als nur ein Etappenziel und Zwischenaufenthalt. Vielleicht wurde es als eine Art „Nebenresidenz“ im neuböhmischen Gebiet nahe der Reichsstadt Nürnberg konzipiert.

Die späteren Nutzer der Burg, das reichsstädtische Pflegamt und die bayerischen Behörden im 19. Jahrhundert, haben manches bedeutsame Baudetail beseitigt. Aus der einstigen „Kaiserburg“ war ja mehr und mehr ein Verwaltungsgebäude geworden. Verloren ging auch ein besonders reizvolles Detail, der große Schmuckerker in der Mitte der Nordwand des Kaisersaales, der heute noch etwas davon aufzeigen könnte, wie auch die Kunst und Architektur unter Karls Regierung Wege im Beziehungsspiel zwischen Ost und West zurückgelegt hat. Das Chörlein von 1348 am Carolinum in Prag, der von Karl gegründeten Universität, findet seine Fortentwicklung im Chörlein des Sebalder Pfarrhofes in Nürnberg, und dazwischen könnte neben anderen Beispielen auch das verschwundene Laufer Chörlein stehen, das wohl, wie es der Name schon besagt, ein kleiner Chorraum war, ein architektonisches Behältnis zur Aufstellung eines Altars. Die Ansichten der Forscher über den Ort der Burgkapelle gehen allerdings auseinander. Ohne Zweifel hat es aber eine Kapelle und vielleicht noch zusätzlich einen persönlichen Gebetsraum für den Kaiser gegeben, geweiht dem Patron der Burg, dem böhmischen Wenzel. Noch heute begeht Lauf die „Hämmernkirchweih“, das Fest der ehemaligen Mühlen und Hammerwerke, die als „Burglehen“ in enger Verbindung zum Schloss standen.

Dieses heute volkstümliche Fest hat seinen Ursprung im Patroziniumsfest der Burgkapelle. Der Tag des Heiligen Wenzeslaus steht am 28. September im Kalender, die Hämmernkirchweih hat man einheitlich immer auf den dritten Sonntag im September gelegt.

Das Patrozinium St. Wenzel weist auf eine dritte, symbolische Bedeutung der Laufer Burg hin: Sie bildete die machtvolle Eröffnung des böhmischen Königreichs, sie steht wie ein Eingangstor am Anfang des Weges von Nürnberg nach Böhmen, sie ist die Ouvertüre zu dem, was danach noch kommt: Sulzbach, der Karlstein, Prag selbst. Das Wenzelschloss ist reich an böhmischer Sym-

Relief des heiligen Wenzel im Wappensaal des Wenzelschlosses (Stadtarchiv Lauf)

bolik. Der einzigartige Wappensaal, ein eher privater, aber doch auch repräsentativer Raum des Kaisers, vereint die Wappen des böhmischen Adels, der hohen Geistlichkeit und der bedeutendsten Städte unter dem Hoheitszeichen der böhmischen Krone. Hier ist auch die Ausdehnung der böhmischen Hausmacht in ihrer Ausdehnung vor 1373 heraldisch ablesbar, und hier ist wieder der heilige Wenzel anzutreffen, der wie eine Leitfigur im neuböhmischen Gebiet immer wieder zu finden ist als Kirchenpatron, als Standbild oder als Altarheiliger. Wenzel steht als große Plastik auch am Torturm der Burg, darunter ist das böhmische Wappen zu sehen. Weltliche und geistliche Symbolik Böhmens bestimmen damit bereits den Eingang dieses Schlosses, das von böhmischer Hausmacht künden will.

Lehen der Krone Böhmens

„Bavaria trans silvam Boemicalem", Bayern jenseits des Böhmerwaldes, also Neuböhmen, sollte, wie Karl 1355 feierlich erklären ließ, auf ewige Zeiten Teil des böhmischen Königreichs sein. Doch es ist Karl selbst, der bereits zwanzig Jahre später das kunstvoll und geschickt gebaute Hausmachtgebilde teilweise wieder aufgibt. Seine politischen Interessen sind nun auf ein anderes Ziel ausgerichtet, die vollständige Umklammerung des Reichs im Osten mit einer böhmischen Landspange von der Quelle der Oder bis zu deren Mündung in die Ostsee. Diesem Gedanken galten auch seine letzte Ehe mit Elisabeth von Pommern und der Erwerb der Mark Brandenburg, die Besitz der Wittelsbacher war, für die riesige Summe von 100.000 Goldgulden. Dieser Betrag überstieg selbst Karls Finanzkraft, er musste dafür andere Gebiete den Wittelsbachern als Pfand überlassen, ein

Abbildung der Stadt Lauf von Westen, darüber die Wappen Laufs, Nürnbergs, des Reiches und der Krone Böhmens. Ausschnitt aus „Des Amts Lauff Frais- und Wildbahns-Mappa" von Georg Thomas Schunter, 1717 (Stadtarchiv Lauf)

Pfand, das allerdings nie mehr ausgelöst werden sollte. Für seine neue Idee, für Brandenburg, wies Karl dem Kurfürsten Otto von Wittelsbach im Vertrag von Fürstenwalde den Südteil seiner neuböhmischen Gebiete zu. Ämter wie Reicheneck, Hersbruck und Lauf wurden wieder bayerisch, während im Norden Hohenstein, Schnaittach und der Rothenberg erst zu Beginn des 15. Jahrhunderts mit Kriegsgewalt wieder Besitz der Wittelsbacher wurden.

Es ist von Interesse für den weiteren geschichtlichen Verlauf, dass Karl seine neuböhmischen Burgen, Städte und Ämter zu Lehen der Krone Böhmens erklärt hatte. Diese Lehenschaft blieb von der Veräußerung des Gebietes unberührt. Sie spielte später, 1504/1505, als Nürnberg im Landshuter Erbfolgekrieg pfalzbayerische und damit ehemals böhmische Ämter eingenommen hatte und diese nun auch für sich sichern wollte, eine große Rolle. Mit viel Geld erreichte der Nürnberger Rat damals die Belehnung durch Böhmen und konnte sich damit sein Landgebiet gegen erneuten Wittelsbachischen Zugriff sichern. Zu diesen Böhmischen Lehen gehörte auch Lauf. Auf einer Stadtansicht, Bestandteil einer Landkarte des Amtes Lauf von Georg Thomas Schunter aus dem Jahr 1717, erkennt man vier Wappen: Zuunterst das Laufer Stadtwappen, darüber die beiden Nürnberger Hoheitszeichen und das Reichswappen, zuoberst aber hält der Reichsadler den Schild mit dem böhmischen Löwen. Die Böhmischen Lehen, die wie das Land selbst in den Besitz der Habsburger übergegangen waren, bestanden fort bis zum Ende des Heiligen Römischen Reiches. Bis zum Beginn des 19. Jahrhunderts bestand also noch eine Verbindung zwischen Lauf und Böhmen, die einst Karl IV. begründet hatte.

Im Rahmen der Partnerschaft zwischen der tschechischen Stadt Tabor, einem bedeutenden hussitischen Zentrum in Böhmen, und der Stadt Konstanz, dem Sterbeort von Hus, wurde der Zug des Jahres 1414 zum Konzil 1995 von tschechischen Schauspielern und Einwohnern von Tabor historisch detailgetreu nachgestellt.
Die Aufnahme zeigt den Darsteller des Jan Hus vor dem Alten Rathaus in Lauf, im Vordergrund ist das Symbol der Hussitischen Bewegung, der Abendmahlskelch auf einem Schutzschild, zu sehen. (Stadtarchiv Lauf)

Nachblüte

Laufs böhmische Zeit war die erste Blütezeit der Stadt im Mittelalter, sie wirkte noch einige Jahrzehnte fort. Das bedeutendste Ereignis dieser Nachblüte war die Stiftung des Spitals St. Leonhard durch den Nürnberger Glockengießer Hermann Keßler und seine Frau Elsbeth 1374, ein Jahr nach Beendigung der böhmischen Herrschaft. König Wenzel, der so ganz anders geartete Sohn Karls IV., nimmt 1387 das Laufer Spital in seinen besonderen Schutz.

Noch ein weiteres „Nachwehen“ aus böhmischer Zeit ist in diesem Zusammenhang zu bemerken: Kaiser Karl hatte sich neben der besonderen Verehrung der Heiligen Wenzel und Veit auch Sigismund zugewandt, dessen Reliquien er 1365 aus Burgund nach Prag überführen ließ. Die Verehrung dieses Heiligen ist im Bereich der Bamberger Diözese nicht sehr verbreitet gewesen. Es fällt aber auf, dass gerade dieser Sigismund als ein Mitpatron des dem heiligen Leonhard geweihten Hauptaltares der Laufer Spital- und ersten Stadtpfarrkirche genannt wird. Sigismund war auch ein Altar in der Kirche von Eschenau geweiht, und auch dieser Ort war böhmisches Lehen!

Ein gewichtiger Faktor der böhmischen Nachblüte für Lauf war und blieb die Böhmische Handelsstraße, die weiterhin ihre Bedeutung behielt und auch in einigen späteren „böhmischen Episoden“ der Stadtgeschichte eine Rolle spielt. Durch diesen Verkehrsweg und durch die geographische Nähe kam Lauf immer wieder in Verbindung mit Böhmen.

Im Oktober des Jahres 1414 erreicht ein Reisender auf der Goldenen Straße das Obere Tor in Lauf und findet Unterkunft in der Fürstenherberge, dem heute als Gasthof zum Wilden Mann bekannten Hotel. Von seinem vielbeachteten Aufenthalt schreibt der Chronist Benedikt Wilhelm Zahn in seiner 1781 erschienenen Abhandlung „Kirchen-, Religions- und Reformationsgeschichte des Nürnbergischen Städtleins Lauf“: „Es ist indessen sehr merkwürdig, dass beinahe hundert Jahre vor D. Luthers heilsamen Reformation, dessen Vorläufer, der, beschuldigter Ketzerei wegen, dem Scheiterhaufen übergebene Johann Hus, als er, um sich zu verantworten, von Prag auf das verordnete Concilium zu Konstanz am Bodensee Anno 1414 gegangen, auf seiner Dahinreise im Monat Oktober zu Lauf übernachtet, und sich mit dem Pfarrer und anderen Personen besprochen, und von daraus nach Nürnberg gereiset".

Johannes Hus, einer der sogenannten Vorreformatoren, Universitätsprofessor und Prediger in Prag, hat die Gedanken eines anderen Vorreformators, des Engländers John Wiclif, weit in Böhmen verbreitet. Hus zog den Weg nach Konstanz, um vor dem dort tagenden Konzil seine Lehre zu bekennen. Er wurde als Ketzer angeklagt und nach siebenmonatiger harter Haft auf Befehl Kaiser Sigismunds, eines Sohns Karls IV., hingerichtet. Eine Folge dieser Verbrennung von Johannes Hus 1415 waren die Hussitenkriege, die ihre Auswirkungen bis in die Gegend von Nürnberg hatten. Der Reise- und Handelsverkehr nach dem Osten blieb über viele Jahre unterbrochen, was sich nicht zuletzt auch auf die Einnahmen der Laufer Zollstation negativ auswirkte.

Kriegerisch sind auch die beiden folgenden Berührungen zwischen Böhmen und Lauf: Im Landshuter Erbfolgekrieg stellte sich Nürnberg 1503 auf die Seite der Münchner Herzöge gegen die Pfälzer Wittelsbacher. Die Reichsstadt drang in das pfalzbayerische Territorium vor ihrer Haustüre ein. Eine alte Chronik erzählt: „Freitag nach Fronleichnamstag zogen die von Nürnberg mit 4000 zu Ross und Fuß und mit den Böhmen, mit 31 Feldschlangen vor Lauffen, gaben ihnen einen guten Morgen, dass die Glocken in St. Johannis Turm herabfiel. Die im Städtlein begehrten zwei Stunden Anstand, der wurde ihnen bewilligt, als aber mit Theidigung (Unterhandlung) nichts ausgerichtet ward, ging das Schießen wieder an und kamen die Böhmen durch einen Sturm bald auf die Mauren, also ergab sich das Städtlein auf Gnad und Ungnad".

Mit diesem tragischen Geschehen vom 9. Juni 1504 wurde Lauf Teil des Nürnberger Landgebietes. Es waren Böhmen gewesen, die den Wall erstürmt hatten. Sie kämpften hier allerdings nicht für ihr Heimatland, sondern es waren Söldner, die Nürnberg für diesen Kriegszug geworben hatte, ebenso wie die sogenannten „Seeknechte", die man zum Kriegsdienst im schwäbischen Bodenseegebiet angemietet hatte. Angesichts der feindlichen Übermacht sahen die Laufer Bürger, die sich bis zuletzt mutig verteidigt hatten, keine Hoffnung mehr. Zudem hatte sich der pfalzbayerische Pfleger von Lentersheim mit seinen Mannen in der Burg bereits aus dem Staub gemacht. So öffneten sie die Tore und die noch verbliebenen 30 Männer in der Stadt – alle anderen waren verwundet, geflohen oder gestorben, überbrachten, angeführt vom Stadtpfarrer, die Schlüssel der Stadt. So begann Laufs Nürnbergische Zeit, die mehr als drei Jahrhunderte dauern sollte.

Einer der Großen der böhmischen Geschichte weilte binnen eines Jahres zweimal in Lauf. Es war wieder die Goldene Straße, die ihn hierher von Karlsbad und weiter nach Memmingen und dann wieder zurück nach Böhmen führte: Der kaiserliche Feldherr Albrecht von Wallenstein. 1630, mitten im Dreißigjährigen Krieg, kam er selbstverständlich nicht allein. Es war ein Heeresdurchzug, dem eine Kompanie Kroaten angehörte. Die Einquartierung in der kleinen Stadt Lauf brachte Probleme mit sich. Die Kroaten wurden in Ottensoos untergebracht, das große Gefolge Wallensteins – man berichtet von 17 Staatskutschen, 24 weiteren Kutschen, 60 Gepäckwagen und 700 Pferden – verteilte man auf Heuchling und Rückersdorf. Wallenstein selbst über-

Wappen der Familie von Waldstein (Wallenstein) im Wappensaal des Laufer Wenzelschlosses (Stadtarchiv Lauf)

nachtete in Lauf, ob er auch einmal im Heuchlinger Schlösschen genächtigt hat, wie gerne erzählt wird, ist nicht eindeutig erwiesen.

Die Reichsstadt Nürnberg war bemüht, den hohen Durchreisenden mit aller Ehrerbietung zu empfangen. Es wurden daher einige Ratsmitglieder nach Lauf entsandt, um zusammen mit dem Pfleger den Gast zu begrüßen und ihm einen Willkomm zu bereiten. Dieser bestand aus zwei Fässern teuren Weines. Proviant und Verpflegung für Mensch und Tier hatten die Laufer und ihre Nachbarn zu stellen, auch musste Fisch bereitgehalten werden, da Wallenstein kein Fleisch aß. Ob er auch das Stammwappen seines Geschlechts gesehen hat, das bereits seit 1360 im Wappensaal des Schlosses eingemeißelt war, lässt sich nicht sagen.

Jedenfalls dürften die Laufer froh gewesen sein, als der böhmische Gast wieder abreiste, denn die Kosten der Durchzüge waren enorm und gerade in dieser schweren Kriegszeit kaum zu tragen.

Trennung und Versöhnung

Berührungspunkte zwischen Böhmen und Lauf finden sich auch in der jüngeren Vergangenheit und sollen in kurzen Zügen noch erwähnt werden. Neben der alten Goldenen Straße ergaben sich mit dem Fortschreiten des Eisenbahnbaus in der zweiten Hälfte des 19. Jahrhunderts neue Verkehrsverbindungen. Laufs erster Eisenbahnanschluss erfolgte 1859 links der Pegnitz, betrieben von der Königlich Privilegierten Ostbahngesellschaft, die erst 1876 verstaatlicht wurde. Ihr Ziel war die Erschließung Ostbayerns durch das moderne Verkehrsmittel der Eisenbahn und damit auch die Anknüpfung an das österreichische und böhmische Bahnnetz. Die sogenannte „Alte Bahn" erhielt dann 1877 ein Pendant auf der rechten Pegnitzseite. Mit beiden Strecken war nun eine ganz neuartige Verbindung zwischen Lauf und Böhmen gegeben, einmal über Furth im Wald und Taus, zum andern über Marktredwitz und Eger. Nicht zuletzt diese Bahnlinien brachten auch dringend benötigte Arbeitskräfte aus dem östlichen Oberfranken, aus dem Bayerischen Wald und aus dem Böhmerwald nach Lauf und Röthenbach. Die aufblühende Industrie ließ Menschen hier eine neue Heimat finden.

Noch einmal wurde Lauf Heimat für Menschen aus Böhmen. Sie kamen nicht aus freiem Entschluss, sondern Krieg und Vertreibung zwangen sie dazu. Die Sudetendeutschen, die Jahrhunderte Wesentliches zur Entwicklung Böhmens beigetragen hatten, sind die zahlenmäßig stärkste Gruppe unter den Vertriebenen, die in Lauf eine neue Heimat gefunden und den Weg dieser Stadt seit dem Ende des Zweiten Weltkrieges mitgestaltet haben. Sie sind als Landsmannschaft zur Pflege ihrer Geschichte und Kultur und zur Wahrung ihrer Interessen in Lauf und Heuchling organisiert, ebenso die Vertriebenen aus der deutschen Sprachinsel um Iglau.

Die Erinnerung an viele sudetendeutsche Heimatorte ist auch in Straßennamen im Stadtteil Rudolfshof festgehalten. Viele Sudetendeutsche sind auch unter den Besuchern des Wappensaales zu finden, denn die Zeichen der böhmischen Geschlechter erinnern an heimatliche Dörfer und Geschichte.

Seit der Eiserne Vorhang gefallen ist, haben sich neue Verbindungen mit der Tschechischen Republik entwickelt. Sie knüpfen oftmals dort an, wo sie einst begonnen hatten, in der Zeit Karls IV. Historisch interessierte Touristen, Geschichtswissenschaftler und Studenten aus allen Teilen des tschechischen Nachbarlandes besuchen Lauf und beschäftigen sich mit seiner Geschichte. Karl IV. war auch der große Europäer, wenn es diesen Begriff damals auch noch nicht gab. Er war ein Mann, dem es auch um den friedlichen Ausgleich zwischen Deutschen und den slawischen Völkern ging. Im Wappensaal stehen die Wappen deutschstämmiger und tschechischer Geschlechter einträchtig beieinander. Karl IV. sah in Böhmen und Franken Länder der Mitte Europas. Unsere Zeit gibt Hoffnung, dass diese beiden Regionen nach jahrzehntelanger Randlage wieder zur Mitte werden können.

Blick in die Südostecke des Wappensaales (Stadtarchiv Lauf)

Von Nürnberg nach Prag

Eine Straße schreibt Geschichte

Nach einem Vortrag „Die Goldene Straße Nürnberg-Prag“, gehalten beim 36. Fränkischen Seminar des Frankenbundes in der Franken-Akademie Schloss Schney bei Lichtenfels am 5. Oktober 1996

Der Begriff der „guten, alten Postkutschenzeit“ wird heute gerne verwendet, um wehmütig oder spöttisch herablassend von einer verstaubten Vergangenheit zu sprechen, die für einen modernen, dem Neuen aufgeschlossenen und fortschrittsgläubigen Menschen weit weg im „finstern Mittelalter“ zu liegen scheint. Dabei bedeutete die Einführung eines regulären Postkutschenverkehrs bereits einen großen Fortschritt gegenüber dem umständlichen, gefährlichen und entbehrungsreichen Reisen und Transportieren im Mittelalter! Über Jahrtausende gab es nur zwei Möglichkeiten, um Entfernungen zu überwinden, von einem Ort zum andern zu gelangen, Güter zu verschicken und Nachrichten zu übermitteln: Den Weg zu Land und den Weg zu Wasser auf Flüssen oder Meeren. Die Bezeichnung Weg ist gerade für die Verkehrsverbindung über Land das richtige Wort, denn selbst bedeutende Fernrouten waren in alter Zeit eigentlich nur schmale Wege, die es mit Mühe ermöglichten, dass sich zwei Fuhrwerke begegnen konnten. Sie waren übersät mit Schlaglöchern, durchfurcht von tiefen Fahrrinnen und in Schlechtwetterperioden oder nach der Schneeschmelze schier unpassierbar.

Erst im 18. Jahrhundert wird mit dem Bau von befestigten und regelmäßig instandgehaltenen „Chausseen“ annähernd der Standard wieder erreicht, den bereits die Römer für ihr Straßennetz entwickelt hatten.

Der Weg nach dem Osten

Im Hohen Mittelalter wurde der süddeutsche Handelsverkehr mit dem östlichen Mitteleuropa und Osteuropa vorwiegend über Regensburg und das Donautal abgewickelt, daneben bestanden alte Fernwege vom Maintal ins Egerland. So führte eine Straße von Hof über

Rehau, Selb und Hohenberg, eine andere von Kulmbach über Gefrees und Weißenstadt. Aus dem Bayreuther, Bamberger und Nürnberger Raum bündelten sich Routen, die über Kirchenpingarten – das Fichtelgebirge umgehend – südlich der Kösseine nach Osten führten. Dies war die „via quae procedit de Egire“ (die Straße, die von Eger herführt). Sie wird in einer Schenkung König Heinrichs IV. an den Reichsministerialen Otnand von Eschenau 1061 erwähnt.

Im Moldaubecken entwickelte sich Prag bereits vor der Jahrtausendwende zu einem bedeutenden Handelszentrum und zum Hauptort Böhmens. Im Vergleich dazu ist Nürnberg jüngeren Ursprungs. Doch sehr schnell verdrängte die Noris die traditionsreiche Handelsstadt Regensburg aus ihrer Vorreiterrolle als Tor zum Osten. Bereits im frühen 14. Jahrhundert genossen die Prager Bürger und Kaufleute am Handelsplatz Nürnberg besondere Privilegien, die auf Geheiß König Johanns von Böhmen 1321 auch im Gegenzug den Nürnbergern in Prag eingeräumt wurden. Damals war also der Kontakt zwischen Nürnberg und Prag über eher seltene Berührungen längst hinausgewachsen. Er verlief über die Böhmische Handelsstraße, deren wohlklingender Beiname erstmals 1513 in einem Bericht des Bärnauer Pflegers Hans von Uttelhofen erwähnt wird: die „königliche Straße, die von Prag aus ... auf Nürnberg zugeht, die Gulden Straß“. Die Herkunft dieser Bezeichnung lässt sich nicht eindeutig klären. Sie führt zwar in die „Goldene Stadt“ Prag, doch dieser Beiname entstand erst viel später. Vermutlich stand der reiche Gewinn, den man als Händler auf diesem Fernweg erzielen konnte, Pate, denn zeitweise konnte man sich hier wirklich eine „goldene Nase“ verdienen. Von böhmischer Seite ist diese Bezeichnung allerdings unüblich, denn dort spricht man von der „Nürnberger Straße“.

Von einem Tor zum andern

Bereits in der Mitte des 13. Jahrhunderts besaß die vorletzte Nürnberger Stadtumwallung ein Laufer Tor, dessen Torturm 1508 aufgestockt wurde und als Uhrturm bis heute erhalten geblieben ist. Hier verließen zwei Hauptrouten die Stadt: Die Sächsische Straße über Heroldsberg und Gräfenberg nach Zwickau, Leipzig und Dresden, und die Böhmische Straße über Lauf, Hersbruck und Sulzbach nach Pilsen und Prag. Hinzu kam als dritte Route die östlich von Lauf abzweigende Egerer Straße über Schnaittach, Plech und Marktredwitz nach Eger.

Etwa zur gleichen Zeit, als man das Innere Laufer Tor in Nürnberg errichtete, entstand auch in Lauf der Straßenmarkt, ein lang gestreckter Warenumschlagsplatz in West-Ost-Richtung, der eigentlich nur eine kurze Verbreiterung der durchführenden Handelsstraße darstellt und an seinen Schmalseiten von Toren begrenzt wird. Während das ältere Dorf Lauf zu beiden Seiten der älteren Straßenverbindung von Forchheim nach Regensburg nahe der Pegnitzfurt lag, orientierte sich die jüngere Marktsiedlung an der querverlaufenden Böhmischen Straße. Die für den Nordgau so typische Anlage des bayerischen Straßenmarktes mit dem freistehenden Rathaus in der Mitte ist in vielen Orten entlang der Goldenen Straße anzutreffen. Weitere Beispiele sind Hirschau, Weiden und Bärnau.

In dem bereits 976 bestehenden Hersbruck hatte sich der Straßenmarkt entlang der Altstraße Forchheim-Lauterhofen entwickelt. Die nördlich vorbeiziehende Straße nach Böhmen wurde erst im Spätmittelalter in den Siedlungsbereich einbezogen. Sie führt dort heute noch die offizielle Bezeichnung „Prager Straße“ und verlässt durch das Spitaltor die Stadt nach Osten.

Wappen der Stadt Prag im Wappensaal des Laufer Wenzelschlosses, die wohl älteste Darstellung dieses Hoheitszeichens überhaupt
(Stadtarchiv Lauf)

Das Innere Laufer Tor in Nürnberg.
Kupferstich von Johann Adam Delsenbach, 1725
(Städtische Sammlungen Lauf)

Ansicht der Stadt Hersbruck aus der Vogelschau.
Kupferstich von Christoph Melchior und Matthäus Roth, ca. 1759
(Stadtarchiv Lauf)

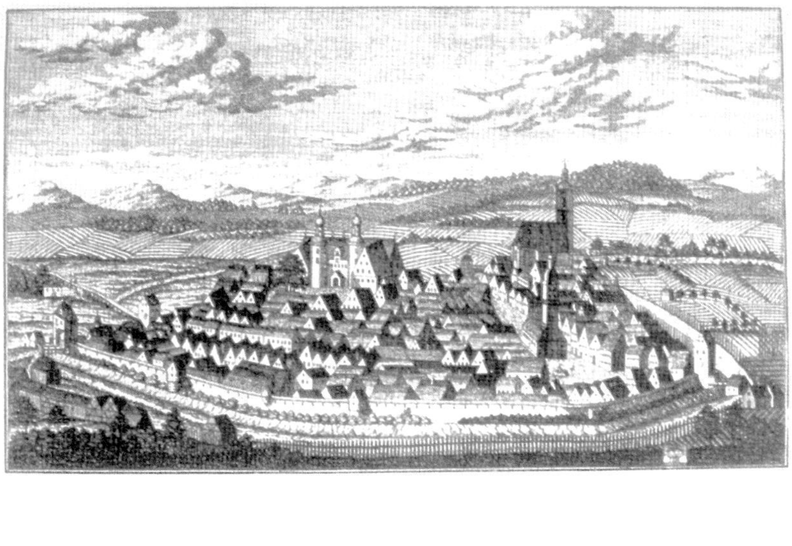

Folgte die Route bisher dem Flusslauf der Pegnitz, so biegt sie östlich von Hohenstadt am Pegnitzknie in das Högenbachtal ein und steigt zur Jurahochfläche bei Bachetsfeld-Haid auf, um Sulzbach, bedeutendes Zentrum des Nordgaus und einst wittelsbachische Herzogsstadt, zu erreichen. Bei Hahnbach wird die Vils überquert und man gelangt nach Hirschau.

Bis hierhin entspricht der historische Verlauf dem der heutigen Bundesstraße 14, der früheren Reichsstraße 14 und alten bayerischen Staatsstraße 101, wenn man von Begradigungen und kurzen Streckenverlegungen absieht, die im Zuge moderner Verkehrserfordernisse erfolgte. Weiter nach Nordwesten geht es über Kohlberg und Etzenricht an der Haidenaab. Ab Weiden folgt die Straße ein kurzes Stück dem Naabtal aufwärts nach Altenstadt und Neustadt an der Waldnaab, um dann wieder in nordöstlicher Richtung über Plößberg und Bärnau den Kamm des Oberpfälzer Waldes (700m) und die tschechische Grenze zu erreichen. Tachau, bereits im 13. Jahrhundert im Rang einer Stadt, ist die erste bedeutende Siedlung im Böhmischen. Vor Mies wird das Tal des gleichnamigen Flusses erreicht. Pilsen, das Zentrum Westböhmens, wurde 1295 als königliche Stadt gegründet und ist als Bier- und Industriemetropole bekannt geworden. Über Rokycany, eine der ältesten böhmischen Städte, und Beraun mit seinem Pilsener und Prager Stadttor erreicht man schließlich das Ziel, Prag, eine der bedeutendsten Städte des Abendlandes. Als Handelszentrum ist die Stadt an der Moldau wiederum Ausgangspunkt für andere Fernstraßen nach Schlesien, Polen und Ungarn, vor allem aber nach dem mittelböhmischen Kuttenberg mit seinem Silberbergbau, nach der Bergwerkstadt Iglau und nach der mährischen Hauptstadt Brünn. Ähnliches ist auch am westlichen Endpunkt, in Nürnberg, zu beobachten. Auch hier verlaufen Fernstraßen in alle Himmelsrichtungen und ermöglichten den Weitertransport von Gütern nach Oberdeutschland, in das Alpengebiet und nach Italien, in das Rheinland und die Niederlande.

Auch unterwegs kreuzte sich die Goldene Straße mit anderen Fernwegen oder entließ auf abzweigenden Routen einen Teil ihres Verkehrs in andere Richtungen. Bekannt wurden im Raum Hersbruck-Lauf die „Eisenstraßen“, Fernwege zwischen dem Erzabbaugebiet der Oberpfalz und dem Regnitz- und Maingebiet, sowie die „Magdeburger Straße“, ein wichtiger Salzhandelsweg, der zwischen Weiden und Neustadt an der Waldnaab eine kurze Strecke mit der Goldenen Straße teilte.

Der Weg des Geldes

Verkehrsreiche Straßen werden heute wegen der damit verbundenen Gefahren, dem Lärm und der Umweltbelastung möglichst um dicht besiedelte Gebiete herumgeleitet, Umgehungsstraßen werden in vielen Orten herbeigesehnt. In alter Zeit hingegen war ein Gemeinwesen darum bemüht, an den Segnungen einer Durchgangsstraße Anteil zu haben. Der Reise- und Transportverkehr belebte Handel und Gewerbe vor Ort, die Schmieden und Wagnereien, die Schankstätten, Garküchen und Gasthöfe. Auch die öffentliche Hand zog manchen Nutzen vom Straßenverkehr. An den Zollstationen waren nicht unerhebliche Einnahmen aus Waren-und Pflasterzöllen zu erzielen. Während der „Große Zoll“ als Aufschlag auf die Handelswaren dem jeweiligen Landesherrn zustand, gelangte der Ertrag des „Kleinen Zolls“ als Mautgebühr in die Gemeindekassen. So trug der Pflasterzoll in Lauf in der zweiten Hälfte des 18. Jahrhunderts mit etwa 10% zu den städtischen Jahresein-

Das Zollhaus vor dem Oberen Tor in Lauf. Hier wurde noch bis zum Inflationsjahr 1923 Pflasterzoll erhoben.
Rechts im Bild die Schmiede der Familie Sprenger. Aufnahme um 1900.
(Stadtarchiv Lauf)

Der Straßenmarkt mit dem freistehenden Rathaus in Hirschau (Artur Röckelein, Erlangen)

nahmen bei. Die Zollgelder wurden zum Unterhalt der Straßen und Brücken verwendet und dienten damit auch den Reisenden selbst.

Es ist daher nicht verwunderlich, dass sich Orte in Reichweite der Goldenen Straße darum bemühten, diese ertragreiche Route durch ihre Mauern hindurchzuleiten. Ein Beispiel dafür gibt die Stadt Hirschau östlich von Sulzbach, die 1367 von Kaiser Karl IV. das Privileg erhielt, „dass die Straße, die bei der Stadt geht, durch die Stadt gehen soll“. Diese Verlegung stellte für die Entwicklung Hirschaus eine nachhaltige Begünstigung dar, denn die Stadt wurde nun auch Zollstation.

Goldene Zeit

Die Böhmische Straße von Nürnberg nach Prag hätte sicherlich nicht das Prädikat „Golden" erlangt, sie wäre wohl nicht so tief im Bewusstsein der Menschen im östlichen Franken und in der Oberpfalz verwurzelt geblieben, hätte nicht Kaiser Karl IV. im 14. Jahrhundert diesen Fernweg besonders geschätzt, gefördert und begünstigt. Unter ihm, dem böhmischen und deutschen König und seit 1355 Kaiser des Reiches, erlebte die Goldene Straße wahrhaft ihre goldene Zeit, die trotz vielfältiger Veränderungen im Wandel der Jahrhunderte bis heute nachwirkt.

Um die Hausmacht seiner Dynastie zu stärken, schwebte Karl eine Landverbindung zwischen Böhmen, dem mütterlichen Erbe, und dem väterlichen Stammland Luxemburg vor, also eine territoriale Spange von Ost nach West quer durch das Reich, die es ermöglichen sollte, dass die böhmischen Könige auf gesichertem Wege, also über eigenes Gebiet, die wichtigsten Zentren des Reiches und damit auch die Schaltstellen der Macht wie Nürnberg, Frankfurt am Main und Aachen erreichen konnten. Diese geniale Idee ist nie verwirklicht worden, doch sie hat in einem kurzzeitig bestehenden Teilbereich östlich von Nürnberg sehr zur Bedeutungssteigerung der Goldenen Straße beigetragen.

Durch die Eheschließung Karls mit Anna, der Tochter des wittelsbachischen Pfalzgrafen, bei Rhein 1349 und durch geschickte finanzielle Hilfeleistungen an seine Wittelsbacher Verwandtschaft gelang Karl 1353 ein Gebietserwerb in „Bayern jenseits des Böhmerwaldes", also auf dem alten Bayerischen Nordgau, in der späteren Oberpfalz und im östlichen Franken.

Als Karl 1355 in Rom zum Kaiser gekrönt wurde, hat er dieses Gebiet offiziell der Krone Böhmens zugeordnet. Rückgrat dieses „neuböhmischen" Territoriums war die Straße von Prag nach Nürnberg über Weiden und Sulzbach, und sie blieb von Bedeutung auch nach dem schnellen Zerfall von „Karls Land zu Bayern", der bereits 1373 einsetzte, als der Südteil um Sulzbach mit Hersbruck und Lauf wieder in den Besitz der Wittelsbacher gelangte, während sich Karl neuen hausmachtpolitischen Interessen in der Mark Brandenburg zuwandte.

Reichs- und Handelsstraße

Abgesehen von der Bedeutung, die der Goldenen Straße zur Erschließung und Anbindung des böhmischen Gebietes auf dem bayerischen Nordgau zukam, übernahm dieser Fernweg unter Karl IV. noch weitere Aufgaben. Durch seine Würde als deutscher König, die auch sein Sohn Wenzel nach ihm bekleidete, war Prag von 1346 bis 1419, dem Todesjahr Wenzels, Zentrum des Reiches. Hatte der Mittelpunkt einst unter Ottonen, Saliern und Staufern weit mehr im Westen gelegen, so verlagerte er sich nun erstmals in das östliche Mitteleuropa. Die Goldene Straße war dazu bestimmt, den Anschluss nach Westen zu knüpfen, zu allererst nach Nürnberg, der Stadt, die Karl IV. in dem Reichsgesetz der „Goldenen Bulle" 1356 zum Tagungsort des ersten Reichstages eines neugewählten Königs bestimmt hatte.

Im Rang einer Reichsstraße war die Böhmische Straße als der offizielle Weg ausersehen, den die böhmischen Könige als Mitglieder des Kurfürstenkollegiums zu nehmen hatten, wenn sie in Angelegenheiten der Wahl und Krönung eines deutschen Herrschers oder zur Teilnahme an Reichstagen unterwegs waren. Karl selbst hat diesen Weg 52mal zurückgelegt, keine andere Strecke wurde von ihm zeitlebens so oft benutzt!

Die prächtigen Handels- und Bürgerhäuser am Weidener Marktplatz mit ihren charakteristischen Staffelgiebeln aus dem 16. und 17. Jahrhundert erinnern an die Handelsstraße nach Böhmen (Stadtarchiv Lauf)

Die Förderung der Goldenen Straße als Handelsroute lag Karl, der gerne als „der kaiserliche Kaufmann“ bezeichnet wird, besonders am Herzen. Er, der selbst seine Hausmacht vorwiegend durch Pfand und Tausch, gegen Verrechnung und durch Kauf gemehrt hat, schrieb sich die Wirtschaftspolitik auf seine Fahnen. Prag sollte mehr als bisher Zentrum des West-Ost-Handels werden, Kapital süddeutscher Kaufleute sollte im Osten Europas Einsatz finden. Nürnberg und Frankfurt am Main, aber auch die oberdeutschen Städte, die Handelszentren Italiens und des Rheingebietes waren wichtige Partner für die böhmischen Städte Prag, Eger, Pilsen und Kuttenberg sowie für Brünn und Breslau. Diese Handelsbeziehungen verliefen über die Goldene Straße, die der Kaiser 1366 als den Handelsweg bestimmte, den Kaufleute aus und in Richtung Nürnberg zu nehmen hatten.

Die Goldene Straße hatte den Vorteil, dass sie ausschließlich durch böhmisches Territorium führte. Kürzer jedoch war die Route, die ab Hirschau in östlicher Richtung über Wernberg, Vohenstrauß, Waidhaus und Pfraumberg nach Mies verläuft. Sie wurde bereits im 11. Jahrhundert für den Fernverkehr genutzt. Die Zolldokumente von Vohenstrauß und andere archivalische Überlieferungen lassen erkennen, dass diese Verbindung, die auch angesichts der Steigungsverhältnisse

Der Fuhrmann.
Kupferstich von Kaspar Luyken, ca. 1695
(Städtische Sammlungen Lauf)

viel günstiger war als die über Bärnau-Tachau, seit dem 16. Jahrhundert weitaus mehr Zuspruch fand. Durch die Führung der Bundesstraße 14 und der anschließenden tschechischen Straße Nr. 5 wurde sie auch in neuerer Zeit eindeutig bevorrechtigt. Waidhaus blieb auch in der Zeit des Eisernen Vorhangs ein wichtiger Grenzübergang, während hinter Bärnau die Verbindung unterbrochen war.

Kaiser Karl IV. allerdings legte Wert darauf, „dass ein Römischer Kaiser sicher und ohne große Kosten in das Reich ziehen könne“. Diese Voraussetzung erfüllte allein die Goldene Straße, nicht aber die von ihm „verbotene“ Straße über Waidhaus, denn diese führte über fremdes Gebiet der Landgrafen von Leuchtenberg, zu denen nicht immer ein freundschaftliches Verhältnis bestand. Dessen ungeachtet bediente sich Karl IV. ab und an selbst dieses verbotenen Weges. Aus Sicherheitsgründen ließ er 1350 die Reichskleinodien nicht – wie allgemein zu erwarten war – über Bärnau, sondern über Waidhaus nach Prag transportieren.

Kaufmannsbücher und vor allem die Unterlagen der Zollstationen geben Nachricht von den wichtigsten Handelsgütern, die auf der Böhmischen Straße befördert wurden: Tuch und Leinwand aus Flandern, Brabant, dem Rheinland und Oberdeutschland, Wein aus Franken, vom Rhein und aus Italien, Metallwaren aller Art aus Nürnberg, Gewürze und Spezereien, sogenannte „Orientwaren“, aus Venedig und Spanien. Im Gegenzug benutzte man die Nürnberger Straße für Schlachtvieh, Häute und Leder, Pelze, Fisch, Unschlitt und Fett aus Polen, Moldavien, Ungarn und Russland, nicht zu vergessen die Bodenschätze aus Kuttenberg, Iglau und dem Erzgebirge: Kupfer, Silber, Blei und Zinn. In beiden Richtungen wurden umgeschlagen: Salz, das aus Hallein und Reichenhall über Regensburg und die Magdeburger

Straße nach Norden kam, sowie Eisenerz in roher oder bereits vorbearbeiteter Form, das im „Ruhrgebiet des Mittelalters", in der Oberpfalz um Sulzbach, Auerbach und Amberg abgebaut wurde. Amberg und Nürnberg waren wichtige Zentren der Metallverarbeitung. Dort wurden Gegenstände des täglichen Bedarfs wie Werkzeug, aber auch hochwertige Waffen und Rüstungen hergestellt. Die zuarbeitenden Hammerwerke lagen an den Bächen und Flüssen, nicht weit von der Straße entfernt. Lauf, am stärksten Gefälle der Pegnitz gelegen, ist mit seinen ehemals über 50 Wasserrädern ein gutes Beispiel dafür.

Zollabkommen, landesherrliche Privilegien und zwischen einzelnen Handelsstädten bestehende Vereinbarungen erleichterten und förderten die Nutzung der Handelsstraße. Solche „Freiheiten" bestanden zwischen Nürnberg, Prag, Breslau, Brünn, Sulzbach, Auerbach, Eger, Amberg, Nabburg und Hersbruck.

Von dem sich rege entwickelnden Handel zogen auch die Städte und Märkte an der Goldenen Straße erheblichen Nutzen durch die Errichtung von Zollstätten oder durch die Verleihung von Rechten für Wochen- und Jahrmärkte. Da der Handel über Zahlungsmittel verfügen muss, errichtete Karl IV. Münzstätten, deren bedeutendste in Neuböhmen in Lauf bestand.

Unterhalt und Schutz der Straße

Es genügt nicht, einer Straße einen bestimmten Rang zu verleihen und ihren Verlauf genau zu bestimmen. Sie muss auch gesichert und unterhalten werden, um einen möglichst reibungslosen Reise- und Handelsverkehr zu ermöglichen. Da die Goldene Straße zur Zeit Karls IV. ausschließlich durch böhmisches Territorium führte, gelang es dem Kaiser, diesen Fernweg in vortrefflicher Weise zu sichern und in sein Herrschafts- und Verwaltungskonzept einzubinden.

Woran wir heute bei einer Straße zuerst denken würden, nämlich an ihren baulichen Unterhalt, ihre technische Gestaltung, das stand im Mittelalter freilich ganz im Hintergrund. Für die Instandhaltung von Brücken hatten die Ortschaften und die Amtsbezirke selbst zu sorgen.

In den größeren Siedlungen, vor allem in den Städten, gab es Streckenabschnitte, die in weitaus besserem Zustand waren als auf dem flachen Land. Der Pflasterzoll versetzte die größeren Gemeinden in die Lage, ihre Straßenbereiche zu pflegen. Die kleinen, bäuerlichen Gemeinden waren dazu nicht imstande. Aber auch sie wurden in die Pflicht genommen, indem sie Spanndienste leisten mussten. Je schwerer die Frachtwagen im Laufe der Zeit wurden, desto mehr war man auf den „Vorspann" angewiesen, auf zusätzliche Pferdestärken, die bei steilen und grundlosen Wegpassagen die schwerfälligen Wagen wieder flott machten. Solche Vorspanndienste wurden von den Bauern in Rückersdorf und in Heuchling erbracht. Reichnisse und Gebühren erleichterten diesen pflichtgemäßen Dienst, zudem benötigten die Fuhrleute für ihre eigenen Tiere Heu und Hafer, die sie unterwegs an den Rastorten einkauften.

Sicherung der Straße bedeutete aber vor allem Schutz vor Übergriffen fremder Herren, Raubrittern und Wegelagerern. So berühmt-berüchtigte Gestalten wie Eppelein von Geilingen oder Kunz Schott sind beispielhaft für die Bedrohungen, denen man unterwegs in Zeiten großer Rechtsunsicherheit und ständig wechselnder Rechtsverhältnisse und Zuständigkeiten ausgesetzt war.

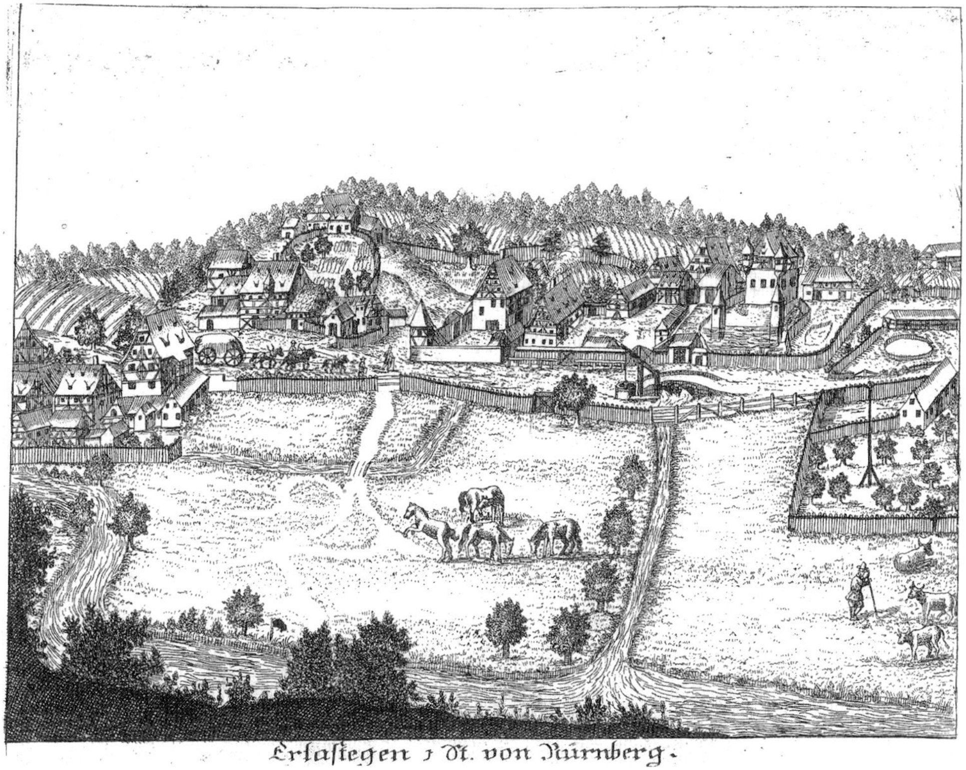

Erlenstegen, 1 Stunde von Nürnberg.
Kupferstich von Johann Alexander Boener, um 1700. Die Ansicht zeigt den Ort mit seinen Herrensitzen vom Pegnitztal aus. Auf der Goldenen Straße sind ein mehrspänniges Fuhrwerk und einige Fußwanderer zu erkennen.
(Städtische Sammlungen Lauf)

Karl IV. erwarb und errichtete zahlreiche Burgen, die von seinen Burggrafen und Gefolgsleuten verwaltet wurden, und sein Territorium, aber zugleich eben auch die oft in Sichtweite vorbeiziehende Straße sicherten. Wenn auch längst baulich verändert oder in Ruinen, künden sie noch heute von ihrer wichtigen Funktion. Bereits im 12. Jahrhundert hatte man in Tachau eine Burg errichtet mit der vorrangigen Bestimmung, die Handelsstraße zu sichern. An diese Bemühungen seiner Vorgänger knüpfte Karl an und kaufte zahlreiche Burgen wie Floss, Störnstein, Parkstein, Neidstein, Lichtenstein, Reicheneck und, mit am bedeutendsten, den Rothenberg bei Schnaittach. Von dort aus konnte nicht nur die Straße nach Prag, sondern auch die Egerer Straße durch das Schnaittachtal kontrolliert werden.

Bei der Aufzählung dieser Befestigungen darf der

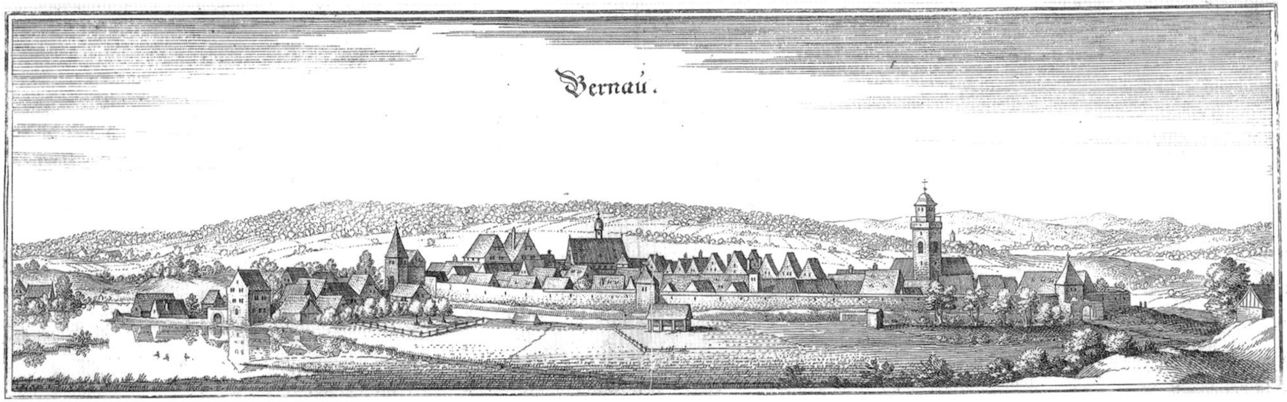

Bärnau.
Kupferstich von Matthäus Merian (1593-1650)
(Städtische Sammlungen Lauf)

Giebelseite des Sulzbacher Rathauses, erbaut um 1400
(Stadtarchiv Lauf)

Gotische Wegmarter in Erlenstegen, Grenzzeichen Neuböhmens,
Original im Germanischen National-Museum Nürnberg
(Artur Röckelein, Erlangen)

majestätische Karlstein über dem Berauntal nicht vergessen werden. 1348 ließ der Monarch diese monumentale Anlage errichten, der als Aufbewahrungsort der Reichskleinodien, der vom Herrscher gesammelten und verehrten Reliquien sowie wichtiger Staatsdokumente eine Bedeutung und Symbolik zukam, die weit über die aller anderen Burgen hinausging.

Zum Sicherungskonzept gehörten auch der Ausbau und die Befestigung der wichtigsten Orte an der Route. 1358 veranlasste Karl die Vergrößerung und Befestigung von Neustadt an der Waldnaab. Die Begründung für dieses Unternehmen lautete: „zum Nutzen der Krone Böhmens und aller Kaufleute und anderer Leute, die auf der Straße zu Neustadt wandern". Die Städte sollten durch Zuzug neuer Bürger, vor allem Handwerker, gestärkt und somit zu wichtigen Straßenstützpunkten werden. Neubürger erhielten in Neustadt Steuerfreiheit für zwölf Jahre, in Hirschau betrug diese „Freiung" zehn Jahre. In Bärnau, das Karl zur Sicherung der Straße 1354 aus dem Besitz des Klosters Waldsassen erworben hatte, wurden die Handwerker der Ungebung aufgefordert, in den Ort hineinzuziehen, und die Bevölkerung der Gegend sollte Bier allein von dort beziehen. Weiden und Lauf wurden in der goldenen Zeit der Goldenen Straße neu befestigt, und den Neustädtern schenkte Karl 1354 zwei Bürgerwaldungen. Nach mittelalterlichem Rechtsbrauch wurde diese Schenkung mit der Zurücklassung eines Handschuhs bekräftigt. Noch heute verwahrt die Stadt dieses Rechtszeichen.

Besondere Wertschätzung brachte Karl der Stadt Sulzbach, etwa auf der Hälfte der Wegstrecke zwischen Nürnberg und Tachau, entgegen. Sulzbach war von 1353 bis 1373 Hauptstadt des neuböhmischen Territoriums. Auf seinen Reisen weilte der Herrscher insgesamt 185 Tage in dieser Stadt. Man sagt ohnehin von ihm, er sei die Hälfte seines Lebens unterwegs gewesen. Sulzbach war Sitz des „Kaisers obersten Hauptmanns in Bayern". Dieser gehörte stets dem Kreis des böhmischen Adels an. Zur Spitze der neuböhmischen Verwaltung in Sulzbach zählten außerdem der Landrichter und der Landschreiber. Die Erwähnung von 144 Harnischen und 72 Armbrüsten, die in der Burg zu Sulzbach verwahrt waren, kündet davon, dass diese Regierungshauptstadt auch militärisch bestens ausgestattet war. Zollrecht und Zollfreiheiten, vor allem aber das Bergwerksrecht haben Sulzbach einen langanhaltenden Wohlstand bereitet, der sich noch heute an der reichgegliederten gotischen Schaufassade des Rathauses ablesen lässt.

Eine weitere und über Jahrhunderte übliche Sicherungsvorkehrung für den Reiseverkehr war der Geleitsschutz. Der Inhaber des Geleitsrechtes hatte zur Sicherung der Kaufmannszüge oder gar einer königlichen oder fürstlichen Reisegruppe einen bewaffneten Trupp zu stellen.

Im „Böhmischen Salbüchlein" von 1366/68, einer wertvollen Quelle für das neuböhmische Territorium, findet sich auch die Beschreibung des Geleits: „Man soll wissen, was Geleits vom Rhein gen Beheim geht, das soll ein Pfleger zu Lauf nehmen in dem Bache zu Erlenstegen ...". Noch heute hat sich in dem jetzigen Nürnberger Stadtteil Erlenstegen die Nachbildung der Martersäule erhalten, die den Beginn des Laufer Geleits und damit auch die Grenze Neuböhmens mit der Reichsstadt Nürnberg anzeigte.

Fünf solcher Geleitsabschnitte bestanden bis Tachau, sie standen in der Verantwortung der Pfleger von Lauf, Sulzbach, Hirschau, Parkstein und Störnstein.

Die Bezahlung der erbrachten Geleitsleistung erfolgte je nach Art und Umfang der transportierten Ware in den landesherrlichen Zollstätten Lauf, Sulzbach, Hirschau, Weiden und Neustadt an der Waldnaab. Dieser „Grosszoll“ war also kein Ein- und Ausfuhrzoll, wie er aus neuerer Zeit bekannt ist, sondern ein Geleitszoll.

Ein Schicksalsweg

Die Straße von Böhmen in das Reich hat unter Karl IV. eine außerordentliche Förderung erfahren als Reichsstraße, als Handelsweg, als Anbindung Neuböhmens an das böhmische Königreich. Doch nicht immer waren die Zeiten so golden. Die Hussittenkriege, der Landshuter Erbfolgekrieg, der Dreißigjährige Krieg und andere Auseinandersetzungen beeinträchtigten den Handel, trübten das Verhältnis zwischen Nürnberg und seinen Nachbarn in der Oberpfalz und in Böhmen. In Kriegszeiten wurde die Goldene Straße zur Heeresstraße, die mächtige Feldherrn, Scharen von Soldaten und die damit verbundenen Begleiterscheinungen in die Orte an der Straße brachte. Einquartierungen, Plünderungen, Schändungen, Zerstörungen, Seuchen, Viehseuchen und Bettelunwesen waren entlang der Straße hinreichend bekannt und gefürchtet.

Trotzdem bewahrte die Goldene Straße viel von ihrer Bedeutung. Ein Beispiel dafür ist der Ort Rückersdorf, der um 1800 unter seinen 41 Anwesen allein elf Fuhrmannswirtschaften zählte. In Hartmannshof zwischen Hersbruck und Sulzbach betrieb die Familie Arnold im 18. Jahrhundert ein beachtliches Fuhrunternehmen, dessen Gespanne zwischen Frankfurt am Main, Prag, Brünn und Wien unterwegs waren. 1615 eröffnete Generalpost-Meister Freiherr Lamoral von Taxis im Auftrage des Kaisers einen Postkurs von Köln über Frankfurt und Nürnberg nach Prag.

Nicht nur Kaiser und Könige, Fürsten und Feldherrn, Kaufleute und Boten benutzten über Jahrhunderte die Goldene Straße, es waren auch Handwerksburschen auf der Walz und Studenten; Karl IV. hatte ja 1348 die erste Universität für Böhmen und seine deutschen Nachbarländer gegründet.

Einen besonderen Gast sahen die Orte an der Straße im Herbst 1414 auf seinem Weg nach Konstanz, dem Tagungsort des Konzils: Jan Hus, der Vorreformator Böhmens, ein Wegbereiter Luther, hatte sich auf die Reise gemacht, auf seine letzte, denn sie sollte mit der Verurteilung und Hinrichtung als Ketzer enden. Die Stimmung unterwegs freilich war ganz anders. Er wurde bereits in Bärnau vom Ortspfarrer begrüßt, in Sulzbach lief die ganze Stadt zusammen, in Lauf führten Pfarrer und Bürger ein eingehendes Gespräch mit ihm über die Missstände der Kirche. Ein treuer Gefolgsmann von Hus, Hieronymus von Prag, wurde 1415 bei Hirschau aufgegriffen und erlitt in Konstanz das gleiche Schicksal.

Die Reisen von Hus und Hieronymus, später auch von Melanchthon, machen bewusst, dass mittels der Straße in Person von Menschen sowie durch Briefe und Schriften neue Gedanken, Erfindungen und Kunstfertigkeiten übermittelt wurden. Künstler und Handwerker benutzten sie ebenso wie Gelehrte. Die Gedanken von Hus und später von Luther, die bahnbrechende Erfindung des Buchdrucks und viele andere Neuerungen nahmen auf dieser Fernstraße den Weg von Ort zu Ort, von Land zu Land.

Rückersdorf.
Kupferstich von Christoph Melchior und Matthäus Roth nach einer Zeichnung von Magnus Gottlieb Lampferdtinger, 1760. Auf der Goldenen Straße sind ein Packwagen und ein reitender Bote zu erkennen.
(Städtische Sammlungen Lauf)

Veränderungen

In der zweiten Hälfte des 19. Jahrhunderts übernahm das neue Verkehrsmittel der Eisenbahn viele traditionelle Funktionen der Böhmischen Straße. Ab 1859 stellte die „Ostbahn" über Amberg, Schwandorf und Furth im Wald den Anschluss nach Pilsen her. Ab 1877 wurde die Strecke von Nürnberg nach Marktredwitz, Eger und Prag eröffnet. Nun spielte die Einfuhr von Eisenerz aus der Oberpfalz und der Export von böhmischem Hopfen aus dem Saazer Gebiet und von Rohglas aus dem Böhmerwald eine große Rolle, nicht zu vergessen böhmische Stein- und Braunkohle für Ostbayern und Oberfranken.

Als sich nach dem Zweiten Weltkrieg der „Eiserne Vorhang" auf die Goldene Straße herabsenkte und das tschechische Zollamt bei Bärnau abgebrochen wurde, schien das Schicksal des alten Handelsweges besiegelt. Während der bedeutende Grenzübergang Waidhaus erhalten blieb, war hinter Bärnau „die Welt zuende". Doch am 1. Juli 1990 wandelte sich das Bild erneut. Als Folge der großen politischen Veränderungen zwischen Ost und West konnte die Verbindung zwischen Tachau und Bärnau wiederhergestellt werden und dient seitdem dem „Kleinen Grenzverkehr" zwischen den tschechischen und deutschen Nachbarn. Die Goldene Straße kann wieder ihre alte Funktion erfüllen: Verbindung schaffen, Entferntes verknüpfen, Menschen zusammenbringen. Die Zeiten der Haupthandelsroute sind freilich für immer vorüber, diese Funktion hat nun die Europastraße E 50 Paris-Mannheim-Nürnberg-Pilsen-Prag übernommen. Ihr kommt die zukunftsweisende Aufgabe zu, die Staaten Osteuropas der Europäischen Union mehr und mehr anzunähern. Modern als Autobahn gestaltet, steht diese Europastraße bis auf ein 25 km langes Teilstück östlich von Wernberg bereits vollständig zur Verfügung. Sie übernimmt die einstige Aufgabe der Goldenen Straße, dies kommt auch durch die allerdings historisch nicht korrekte Bezeichnung „Via Carolina" (Karlsweg) zum Ausdruck, die das Bundesverkehrsministerium 1997 angeregt hat.

Geschichte und Kultur am Wege

Wenn auch der moderne Verkehr seinen Weg etwas abseits der Goldenen Straße sucht, die kulturhistorische und damit völkerverbindende Bedeutung des alten Weges von Franken über die Oberpfalz nach Böhmen bleibt bestehen und kann neu entdeckt und ins Bewusstsein gebracht werden.

Die reiche Kulturlandschaft entlang der Straße erlebte unter Karl IV. eine erste Blütezeit, deren Zeugnisse noch heute vor allem in den Märkten und Städten zu finden sind. Hinzu treten befruchtend die wechselseitigen Einwirkungen der großen Kulturzentren Prag und Nürnberg. Viele Orte entlang der Goldenen Straße verdanken ihre Stadterhebung der Zugehörigkeit zu Böhmen. Beispiele sind Bärnau, Hersbruck und Lauf. Auch einige „straßenbegleitende" Besonderheiten lassen sich aufspüren. Oftmals weisen Kirchen- und Altarpatrozinien auf die Lage eines Ortes an einer alten Straße hin. Am bekanntesten ist wohl Jakobus der Ältere, der auf die mittelalterlichen Pilgerwege nach Santiago de Compostela in Spanien schließen lässt. Einer dieser Pilgerrouten führte auch über die Goldene Straße, an den Jakobuskirchen in Neustadt an der Waldnaab, Hirschau, Hahnbach und an den Endpunkten Prag und Nürnberg zu finden sind. Der heilige Bischof Nikolaus, Patron der Reisenden, wird in den Nikolauskirchen in Prag, Bärnau, Etzenricht und Kohlberg verehrt.

Das Spital St. Elisabeth in Hersbruck, unmittelbar an der Prager Straße gelegen
(Artur Röckelein, Erlangen)

Hl. Wenzel, spätgotische Plastik in der Wenzelskirche in Hohenstadt
(Artur Röckelein, Erlangen)

Der in Böhmen besonders geschätzte heilige Wenzeslaus darf auch entlang der Böhmischen Straße nicht fehlen, er stellt auch heute noch eine Erinnerung an die neuböhmische Zeit dar. Statuen von ihm finden sich an der Stadtpfarrkirche in Sulzbach, in der Kirche in Hohenstadt bei Hersbruck und an der Laufer Wenzelburg. Wenzel wurden die Kirchen in Hohenstadt , auf der Burg Rothenberg und im Laufer Schloss geweiht. Auch in Nürnberg, in der von Karl errichteten Frauenkirche und in St. Sebald, der Taufkirche von Karls Sohn Wenzel, finden sich Zeugnisse der Wenzelsverehrung.

Als Karl IV. 1368 in Sulzbach ein Spital stiftete, ließ er es ebenfalls unter den Schutz des heiligen Wenzel stellen. Spitäler, Einrichtungen für kranke, alte und heimatlose Menschen, sind ebenfalls typische Begleiter alter Fernwege. Hier fanden Reisende unterwegs Aufnahme und Betreuung im Zeichen christlicher Barmherzigkeit. Die im Mittelalter entlang der Goldenen Straße errichteten Spitäler entwickelten sich zu beachtlichen Einrichtungen im religiösen, diakonischen, kulturellen, aber auch im grundherrschaftlichen Bereich. Beispiele dafür lassen sich in Lauf, Hersbruck, Weiden, Neustadt und unmittelbar vor den Toren Nürnbergs in Form des Siechenspitals St. Jobst finden.

Wer aufmerksam dem Verlauf alter Straßen folgt, wird stets auch zahlreiche Flurdenkmäler antreffen, in früherer Zeit aus frommem Sinn zur Andacht oder entsprechend mittelalterlicher Rechtsordnung als Sühnezeichen für Gewalttaten errichtet. Wegkreuze, Feldaltäre, Sühnekreuze und Martersäulen finden sich noch sehr zahlreich entlang der Goldenen Straße, in der Gemarkung von Bärnau, bei Lauf und, wie bereits erwähnt, bei Erlenstegen. Man benutzte sie auch als Orientierungspunkte oder Rechtszeichen für Grenz- und Geleitsabschnitte.

Das Sühnekreuz auf der Heuchlinger Heide östlich von Lauf erinnert angeblich an einen Überfall auf der Goldenen Straße (Artur Röckelein, Erlangen)

Neben repräsentativen Marktplätzen, wappengeschmückten Stadttoren, behäbigen Gasthöfen und Poststationen muss unter den Baudenkmälern der Böhmischen Straße unbedingt die Burg zu Lauf, das sogenannte Wenzelschloss, erwähnt werden. 1360 hatte Karl IV. auf den Resten einer älteren Wasserburg in der Pegnitz diesen Wehr- und Repräsentationsbau errichten lassen. Er diente ihm als Raststation auf seinen Reisen, was nicht ausschließt, dass diese Burg als Residenz eines geplanten, aber nie verwirklichten Hausmachtgebietes in Franken konzipiert war. Trotz mancher baulicher Veränderungen unter den späteren Besitzern zeugen der restaurierte Kaisersaal, vor allem aber der einzigartige Kaiserkammer mit ihren über 100 Wappen böhmischer Territorien, Bistümer, Städte und Geschlechter von der Glanzzeit der Goldenen Straße.

Die Zukunft der Goldenen Straße

Wanderzeichen „Goldene Straße" des Fränkische Albvereins mit dem Wappen des böhmischen Löwen (Stadtarchiv Lauf)

Die Neuerschließung des reichen Kulturlandes zwischen Nürnberg und Prag für den Tourismus haben sich die Fremdenverkehrsverbände in Bayern und in der Tschechischen Republik auf Initiative des Tourismusverbandes Ostbayern zur Aufgabe für die Zukunft gemacht. Diese Bemühungen zeigen bereits erste Erfolge, der Begriff „Goldene Straße" ist weithin wieder bekannt geworden. Anlässlich des 950. Stadtjubiläums von Nürnberg hat der Fränkische Albverein zwischen Nürnberg und Sulzbach einen abwechslungsreichen Wanderweg entlang der Straße geschaffen, der viele Kostbarkeiten der Natur und Kultur auf der Wanderschaft entdecken lässt. Zugleich wird dem Fußwanderer bewusst, wieviel Zeit und Geduld Menschen in früheren Jahrhunderten aufbringen mussten, um von einem Ort zum anderen zu gelangen, Fernstraßen wurden früher auch zu Fuß begangen!

Die Goldene Straße als völkerverbindendes Element mit der Leitfigur Karls IV. als eines „europäischen" Herrschers ist neben den Aspekten des Kulturtourismus das andere Ziel, das mit der Wiederentdeckung der Goldenen Straße verknüpft werden soll. Hier haben Bildstellen und Schulämter mit Handreichungen und Materialangeboten bereits gute Voraussetzungen geschaffen, denn dieser Gedanke muss vor allem im Blick auf die Zukunft die Jugend erreichen. Mit verschiedenen Projekten hat sich hier der Förderkreis Deutsch-Tschechische Schulen zwischen Nürnberg und Prag e. V. bereits große Verdienste erworben. All diese Bemühungen geben Hoffnung, dass die Goldene Straße vielleicht eine neue Blütezeit erlebt, indem sie Menschen unterschiedlicher Nationalität, Sprache und Kultur, aber doch mit weit zurückreichenden Gemeinsamkeiten im Sinne des europäischen Gedankens zusammenführt.

Heiliger Wenzel, Steinplastik am Chor der katholischen Pfarrkirche in Sulzbach, 14. Jh. Die Skulptur wird auch als Darstellung Karls IV. gedeutet. (Artur Röckelein, Erlangen)

Von der Ackerbürger- zur Industriestadt

Laufer Geschichte 1806-1918

Nach einer Vortragsreihe „Von der Ackerbürger- zur Industriestadt" der Volkshochschule Unteres Pegnitztal im Städtischen Weiterbildungszentrum Lauf am 22.und 29. März 2001

Laufer Geschichte – Man denkt an Kaiser Karl IV., an die kurze erste Blütezeit der Stadt im 14. Jahrhundert, man wird sich daran erinnern, dass die Reichsstadt Nürnberg mehr als 300 Jahre den Werdegang dieser Stadt geprägt hat, und man vergisst auch nicht das besonders eindrückliche Ereignis des Zweiten Markgrafenkrieges, von dem noch heute die Kirchenruine des Spitals mahnend zeugt. Dies sind ohne Zweifel wichtige Kapitel der Laufer Vergangenheit, über die immer wieder berichtet wurde. In einem Atemzug mit diesen Marksteinen der Stadtgeschichte müssen aber auch die 112 Jahre zwischen 1806 und 1918 genannt werden, der Zeitabschnitt, in dem Lauf zum Königreich Bayern gehörte. In dieser langen und bewegten Epoche wurden die Voraussetzungen dafür geschaffen, dass diese Stadt heute ein bedeutender Industriestandort und Zentrum des Nürnberger Landes ist.

Lauf wird bayerisch

Das 19. Jahrhundert begann in Lauf weder mit der magischen Zahl 1800 noch mit dem chronologisch korrekten Jahr 1801, es begann – wenn man es im historischen Rückblick beurteilt – im Jahre 1806. Erst da setzte eine große Veränderung ein, die dieses neue Jahrhundert in die Bahnen gelenkt hat, die für die Stadt an der Pegnitz und ihre weitere Entwicklung so bedeutsam sein sollten.

Geahnt hat man es schon zuvor, dass die große Zeit der einst ruhmreichen Freien Reichsstadt Nürnberg längst Vergangenheit war, dass die Republik Nürnberg, mit der Lauf und seine Umgebung seit 1504 auf das engste verbunden waren, vor dem Aus stand. Und so begann das 19. Jahrhundert für Lauf streng genommen am 15. September 1806, als das Besitzergreifungspatent des neuen Landesherrn, des Königs von Bayern, gültig wurde.

„Mit Anstand", also mit Respekt gegenüber der mehr als 300-jährigen Epoche unter Nürnbergischer Oberhoheit, wurden die Nürnbergischen Hoheitszeichen auch in Lauf abgenommen und durch das Wappen des neuen Königreichs Bayern ersetzt. Das Patent des neuen Lan-

Jobst Wilhelm von Furtenbach (1738-1819)
Reproduktion nach einem Original in Privatbesitz
(Stadtarchiv Lauf)

desherrn König Maximilian Joseph wurde an den ortsüblichen Stellen für jedermann zur Kenntnisnahme angeschlagen und auch der Laufer Pfleger und sein ihm nachgeordnetes Personal hatten den Eid auf den neuen Landesherrn zu leisten. So wurde aus dem seit 1773 im Pflegamtsschloss residierenden Jobst Wilhelm von Furtenbach auf Oberndorf und Leuzenberg ein königlich-bayerischer Beamter.

Am folgenden Sonntag, dem 21. September 1806, wurde der Regierungswechsel dann offiziell mit einem Dankfest in der Johanniskirche begangen. Wie an hohen Festtagen war das Gotteshaus geschmückt, während des Glorias läuteten alle Glocken und erstmals wurde das Gebet für den neuen Landesherrn gesprochen: „Fürnehmlich aber lass Deine Barmherzigkeit groß werden über unseren allerteuersten König und Herrn". Am Sonntagnachmittag kündeten die Kirchenglocken nochmals eine Stunde lang von 12 bis 13 Uhr von der großen Veränderung, die Lauf genauso wie Nürnberg und die Ortschaften der Umgebung betroffen hatte.

Die neue Landesherrschaft stieß auf Vorbehalte: Die Nürnberger seufzten, dass sie nun „Fürstenknechte" geworden wären, die Ottensooser gar mussten von Soldaten zum Glockengeläut gezwungen werden, die Neunhofer und Beerbacher läuteten gar nicht, denn sie wussten sich allein dem Herrn von Welser untertan, und in Günthersbühl, Rückersdorf oder Oedenberg war das ohnehin nicht ausschlaggebend, denn man war dort Untertan seiner Majestät des Königs von Preußen.

Von Zurückhaltung oder Ablehnung gegenüber dem neuen Landesherrn wird aus Lauf selbst nichts berichtet. Als ein Jahr später in den neuen bayerischen Landesteilen von der Hohen Obrigkeit die Durchführung eines Dankfestes für den Anschluss an Bayern anberaumt wurde mit der Absicht, ein neues Zusammengehörigkeits- und Staatsgefühl zu erwecken, da legte man dieses Fest in Lauf nicht auf irgendeinen beliebigen Tag, sondern auf den Termin des allerwichtigsten Ereignisses im Städtlein, nämlich auf den Tag der Kirchweih der Kunigundenkirche, verbunden mit dem Auszug der Schulkinder auf den Berg. Das bisher als Ortskirchweih, als religiöses Fest und als Feiertag

Fahnenreigen auf dem Marktplatz anlässlich der Hauptprobe zum Kunigundenfest 2000
(Stadtarchiv Lauf)

der Kinder begangene Ereignis wandelte sich mit dem Jahr 1807 zu einem mehr weltlich-nationalen Anlass, wobei man mit Nation damals Bayern, später auch das Deutsche Reich, verstand. Ganz selbstverständlich gehörte im 19. Jahrhundert die Ausstellung des Bildes oder der Büste des bayerischen Königs ebenso zum Festablauf wie das dreifache Hoch und eine Grußadresse auf den „Allergnädigsten König und Herrn“. Mit der Vereinnahmung des Kunigundenfestes durch den Nationalsozialismus verschwand die nationale Ausrichtung des Laufer Hauptfestes, aber eine liebenswerte Erinnerung an ihren Ursprung, nämlich die Förderung des bayerischen Staatsbewusstseins im Jahre 1807, kann man noch heute im Reigen mit den weiß-blauen Rautenfahnen erkennen, der zu den schönsten und beliebtesten Bestandteilen des Kunigundenfestes gehört.

Lauf, eine dem Bayernlande treue Stadt? So könnte man fragen, wenn man den reibungslosen Übergang an den neuen Landesherrn untersucht. Über die Empfindungen der Bürger wissen wir leider nichts, aber unterschwellig dürfte es in der fernen historischen Erinnerung der Laufer bewahrt geblieben sein: Diese Stadt war schon zweimal wittelsbachisch gewesen: An der Wende des 13. zum 14. Jahrhundert und nochmals von 1373 bis 1504, und das waren nicht die schlechtesten Epochen der Stadtgeschichte gewesen, jedenfalls Zeiten, die dem Gemeinwesen weitaus mehr Eigenständigkeit zugebilligt und mit Brief und Siegel offiziell gewährt hatten, als das doch recht strenge, zentralistische reichsstädtische Regiment Nürnbergs.

Wie auch immer die Gefühle der Laufer gegenüber dem neuen Herren gewesen sein mögen, man konnte sich jedenfalls aus langer Übung arrangieren, denn die Stadt und ihre Bewohner waren immer einem Herren untertan gewesen, ob er ein Herzog von Bayern, ein König von Böhmen oder ein Hochweiser Rat der Noris gewesen war. Man empfand es sicher auch nach langen Jahren der kriegerischen Ereignisse und militärischen Durchzüge als angenehm, nicht mehr des Nachts die Tore schließen zu müssen, denn man war ja nun mitten in einem großen Staat, und man musste sich nicht mehr von den Kanonen der kurbayerischen Festung auf dem nahen Rothenberg bedroht fühlen, die nun ihre Bedeutung verlor.

Trotzdem gab es keinen Anlass zur Euphorie, denn das neue Regiment enttäuschte die Laufer gleich zu Beginn erheblich. Im neuen Königreich wehte der kühle Wind der Aufklärung. So wurde das Kunigundenfest, gerade noch als freudiges Dankfest für die neue Landesherrschaft begangen, ab 1810 verboten. Die Kirchweih konnte zwar weiter stattfinden, der Umzug der Schulkinder fiel aber dem gleichen Streichkonzert zum Opfer wie anderswo Wallfahrten, Prozessionen und geistliche sowie volkstümliche Aufführungen. Solche „kindischen" Bräuche widersprachen dem Geist eines modernen, aufgeklärten Staates!

Eine weitere Enttäuschung bereitete die erste Verwaltungsreform, die das neue Königreich unter seinem rührigen Strategen Graf Montgelas verordnete. Das erheblich erweiterte Staatsgebiet bedurfte einer einheitlichen Verwaltungsgliederung, die am 21. Juni 1808 in Kraft trat.

Die einzelnen Verwaltungs- und Gerichtsbezirke sollten annähernd gleich groß gestaltet sein. So kam es zu der Entscheidung vom 7. August 1808, dass das bisherige Bayerische Amt Lauf, das ehemalige Nürnbergische Pflegamt, aufgelöst und mit dem bestehenden Landgericht Schnaittach vereinigt wurde. Sitz dieses Gerichtsbezirks wurde Schnaittach, dessen Zuständigkeitsbereich nun $3^3/_4$ bayerische Quadratmeilen und 12.033 Einwohner zwischen Eckenhaid im Westen und Osternohe im Osten umfasste, während das bisherige Laufer Amt nur $1^1/_2$ Quadratmeilen zählte mit einer Einwohnerzahl von nur 2662 Seelen. Aus dieser Sicht war die Entscheidung für Schnaittach in zentraler Lage und mit der bereits seit langem bestehenden bayerischen Verwaltungsstruktur sicherlich richtig, wenn auch Lauf in diesem neuen Bezirk der größte Ort war. Diese Entscheidung wusste man in Schnaittach sehr schön zu begründen: „Schnaittach ist eine leibliche Tochter, Lauf nur eine Stief- und adoptierte Tochter Bayerns".

Auf solche Traditionen legte Graf Montgelas allerdings wenig Wert. Als nun das Landgericht noch um die Orte Röthenbach, Wetzendorf, Schönberg und Weigenhofen im Süden erweitert wurde, da zog man dann doch Lauf „als den ersten und edleren Platz" vor und verlegte den Gerichtssitz 1809 nach Lauf in das Wenzelschloss, das nunmehrige Königliche Landgerichtsgebäude. Nun waren die Schnaittacher die Enttäuschten, für Lauf aber bedeutete diese Entscheidung einen wichtigen Ausgangspunkt für die weitere Entwicklung bis hin in die heutige Zeit, in der auch wieder Lauf Kreissitz ist im Großlandkreis Nürnberger Land.

Die Ackerbürgerstadt

Wie stand es um Lauf eigentlich zu der Zeit, als es 1806 bayerisch wurde? Statistische Angaben aus dem Jahr 1809 geben darauf Antwort. Die Stadt bestand damals aus dem Ort Lauf selbst mit seinen Vorstädten und als weiterer Ortschaft nur aus „St. Kunigund, Einöde mit Kapelle“. In 318 Häusern lebten 387 Familien, das ergibt eine Seelenzahl von 2085. Im Vergleich dazu: Das heute nur halb so große Hersbruck hatte damals mit 1900 Einwohnern annähernd die gleiche Größe, auch Schnaittach mit 1300 Bewohnern gehörte damals noch zur Gruppe der größten Gemeinden östlich von Nürnberg. Unter den Einwohnern Laufs befanden sich 1809 auch folgende Personengruppen, die in abhängiger Tätigkeit beschäftigt waren: 101 Rußige – die Hammerwerker in den Vorstädten, 33 Handwerksgesellen, 18 Knechte und Mägde, 35 Taglöhner.

In der Statistik heißt es weiter: „Der Boden auf hiesiger Stadtmarkung ist also beschaffen, dass derselbe zu 2/3 Sand- und 1/3 guten Böden angenommen werden kann“. An Feldfrüchten werden aufgezählt: Korn, Gerste, Hirse, Weizen, Dinkel, Hafer, Hopfen, „Erdäpfel“, Obst und Tabak. „Der Viehbestand ist folgender: 40 Stück Pferde, 50 Schubochsen, 200 Kühe, 35 Zuchtschafe, 6 Rinder, 25 Zuchtschweine, 400 Mastschweine, 100 Ziegen und Geißen“. Wenn man noch zusätzlich aus dem Jahr 1834 erfährt, dass es in der Laufer Altstadt damals 180 Dungstätten, also Misthaufen, auf öffentlichem Grund gab, wenn man sich die alten Häuser betrachtet mit ihren Hintergebäuden, die als Ställe und Scheunen dienten, und in deren gewaltigen Dachräumen landwirtschaftliche Vorräte gelagert wurden, so muss man damals Lauf als „Ackerbürgerstadt“ bezeichnen. Hier lebten Menschen als Stadtbürger mit landwirtschaftlichem Verdienst, erarbeitet auf den Grundstücken der Umgebung, in den Hopfengärten, Tabakanlagen und Waldungen. Da das allein aber keineswegs ausreichte, übte man von alters her auch ein Handwerk, ein Gewerbe aus. Die Laufer waren Hafner oder Melber, Schmiede und Wagner, Pfragner und Büttner, Müller und vor allem Bierbrauer. Die Struktur der Stadt wäre damit durchaus zu vergleichen mit der anderer ehemals Nürnberger Landstädte Hersbruck, Betzenstein oder Gräfenberg. Liest man aber in der Statistik von 1809 weiter, so erkennt man bereits den Unterschied, der Lauf schon immer von anderen Nachbarstädten und -märkten abgehoben hat: „Vom Feldbau allein lebt dahier keine Familie; der Feldbau ist nur ein bei einem oder dem anderen mehr oder weniger beträchtlicher Nahrungserwerb“. Und dann wird von den Gewerben am Fluss berichtet, damals bereits als „Industrie“ bezeichnet: „Der von den hiesigen Fabriken erzeugte Draht wird ausgeführt, ebenso Messing, Spiegelglas und Zinnfolien“. Von der Nadelfabrikation und den Eisenhämmern ist ebenfalls die Rede.

Bereits 1834 lebten in der Laufer Innenstadt nur noch sieben Familien allein von der Landwirtschaft. Wenn auch 1891 in der Gesamtstadt noch 255 Rinder gehalten wurden, davon 100 in der Altstadt, so darf dieser aus heutiger Sicht beträchtliche Viehbestand nicht darüber hinwegtäuschen, dass diese Tiere weitgehend der Eigenversorgung dienten, der Lebensunterhalt aber längst in Gewerbe und Industrie erzielt wurde.

Diese statistischen Angaben sind wichtig, um den Wandel verständlich zu machen, den Lauf im 19. Jahrhundert erlebt hat. Die Grundlagen für neue Wirtschaftsstrukturen bestanden ja längst in den seit dem 13. Jahrhundert bekannten und sich seitdem stetig ver-

Blick auf den Oberen Markt in der Zeit um 1900
(Stadtarchiv Lauf)

Wasserbetriebene Werke am 2. Pegnitzwehr rechts der Pegnitz.
Links die Getreidemühle Riedner, in Bildmitte das Hammerwerk Engelhardt.
Ansichtspostkarte, ca.1910
(Stadtarchiv Lauf)

mehrenden wasserbetriebenen Werken am Fluss, die dazu geführt hatten, dass im Umfeld weitere Handwerke entstanden waren wie der Mehlhandel, die Fuhrbetriebe, die Wagnereien und Schmieden. Die Voraussetzungen für die Entwicklung zum Industriestandort waren also längst gegeben.

Stadt im Wandel

Auf dem Weg zur Industriestadt brachte die erste Hälfte des 19. Jahrhunderts vorerst viele, teilweise grundlegende Veränderungen, die allerdings nicht nur Lauf, sondern das gesamte Königreich betrafen. Ein herausragendes Datum ist vor allem das Jahr 1818 mit der Verkündung der bayerischen Verfassung und dem Erlass des Gemeindeedikts. Mit der Eingliederung in das Königreich 1806 hatten die Gemeinden ihre althergebrachte Rechtsstellung verloren.

Sie standen vollständig unter der Kuratel des Staates, sie hatten kein eigenes Vermögen mehr, sie waren in allen Dingen nur Ausführungsinstanz des Staates. Auch das Stiftungswesen hatte man zentralisiert. Von 1806 bis 1818 unterstand auch das Glockengießerspital allein der staatlichen Stiftungsadministration in Nürnberg und Forchheim, das vom Stifter Keßler bestimmte Verwaltungsrecht der Stadt war außer Kraft.

Das Schloss in Lauf, Sitz des kgl. Landgerichts,
Stahlstich von Alexander Marx, 1844
(Städtische Sammlungen Lauf)

Die zentralistische Ordnung, nach napoleonischem Vorbild geschaffen, bewährte sich jedoch nicht, sie lähmte die örtliche Entwicklung. Nach dem Sturz des Grafen Montgelas setzte daher ein Umdenken ein. Die Gemeinden erhielten mit dem Edikt vom 17. Mai 1818 wieder Selbstverwaltungsrechte, die Stiftungsverwaltung des Spitals und anderer örtlicher Stiftungen ging wieder auf die Stadt über. Bis zum Ende des Königreichs galt nun in Lauf die magistratische Ordnung: Der Magistrat bestand aus dem Bürgermeister und den acht von der Bürgerschaft gewählten Magistratsräten, die für einzelne Aufgabenbereiche zuständig waren. Dem Magistrat gegenüber stand als Kontrollorgan und Vertretung der Bürgerinteressen das Kollegium der gewählten Gemeindebevollmächtigten. Trotzdem hatte der Staat noch bis 1919 beträchtliche Aufsichtsrechte, vor Ort wahrgenommen durch den königlichen Landrichter, ab 1862 durch den Bezirksamtmann.

Mit der Ausstattung von Ämtern hatte man in Lauf nicht immer Glück. Das Landgericht im Schloss, gemäß älterer Ordnung eine Verbindung aus Rechtsprechung und Verwaltung, blieb lange Zeit die einzige zentrale Behörde am Ort. Als 1862 eine Reform des Gerichts- und Verwaltungswesens erfolgte, blieb Lauf nur Sitz für das Amtsgericht und Notariat, die Verwaltungsbefugnisse des alten Landgerichts wurden nun dem neugebildeten Bezirksamt Hersbruck zugewiesen. Die Finanz- und Steuerverwaltung, ausgeübt durch das königliche Rentamt, hatte bis 1814 ihren Sitz in Lauf, dann wurde die Behörde geschlossen und mit der in Hersbruck vereinigt. Damit wollte man sich jedoch nicht abfinden und richtete im Lauf der Jahre acht Petitionen an die Regierung in München. 1871 wurde man vom Finanzminister auf bessere Zeiten vertröstet. Diese sind aber anscheinend nie eingetreten, denn das Finanzamt befindet sich noch heute in Hersbruck, ebenso das Vermessungsamt.

Lauf besaß auch kein eigenes Forstamt. 1810 errichtete man immerhin ein königlich protestantisches Dekanat in der Stadt, zu dem zehn Pfarreien der Umgebung bis nach St. Jobst und Heroldsberg im Westen gehörten, aber auch dieser Behörde war nur eine Lebensdauer von 17 Jahren beschieden, 1827 erfolgte die Auflösung und die Gemeinden wurden den benachbarten Dekanaten Hersbruck, Erlangen und Nürnberg zugewiesen.

Bei der Betrachtung kirchlicher Strukturen muss erwähnt werden, dass durch den Übergang an Bayern auch in Lauf die Gleichberechtigung der drei christlichen Konfessionen – Katholiken, Lutheraner und Reformierte – Einzug hielt. Nun konnten auch Katholiken das Bürgerrecht der bisher streng lutherischen Stadt erwerben. 1815 hatte auch der Pfarrzwang ein Ende. Katholiken in Lauf konnten nun ihre Taufen, Trauungen und Beerdigungen durch den zuständigen Geistlichen von Neunkirchen am Sand vornehmen lassen, während bisher allein das evangelische Pfarramt dafür zuständig gewesen war, die Einführung der Zivilehe vor dem weltlichen Standesamt erfolgte erst 1875.

1840 zählte Lauf 3034 Protestanten und immerhin 88 Katholiken, die aus dem katholisch geprägten Schnaittacher Oberland zugezogen oder als Beamte des Landgerichts hierher versetzt worden waren. Ungewohnt war es für die Evangelischen, dass nun die Landeskirchenherrschaft durch den katholischen König ausgeübt wurde, an dessen Geburtstag alljährlich ein festlicher Gottesdienst gehalten wurde.

Die Einführung der allgemeinen Schulpflicht gehörte ebenso zu den Neuerungen des frühen 19. Jahrhunderts wie die Vereinheitlichung der Maße und Gewichte. Im Laufer Stadtgebiet in den Grenzen, wie sie seit 1978 bestehen, hatten in alter Zeit vier verschiedene Messsysteme gegolten: Das Nürnberger, Ansbacher, kurbaye-

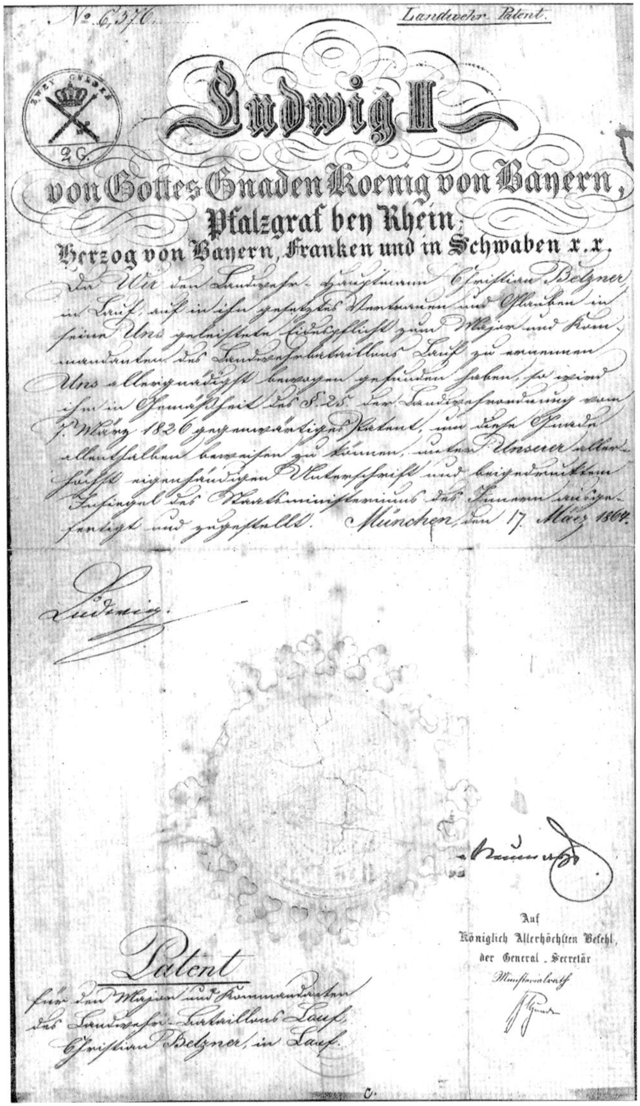
№ 6370

Landwehr Patent.

Ludwig II

von Gottes Gnaden Koenig von Bayern,

Pfalzgraf bey Rhein,

Herzog von Bayern, Franken und in Schwaben x.x.

München, den 17 März 1864.

Ludwig.

Auf

Königlich Allerhöchsten Befehl,

der General - Secretär

Patent

Christian Belzner, in Lauf.

Patent König Ludwigs II. für den Major und Kommandanten des Landwehr-Bataillons Lauf, Christian Belzner, 1864 (Stadtarchiv Lauf)

rische und das Neunhöfer Maß. Die Vereinheitlichung innerhalb Bayerns begünstigte den regionalen Handel ebenso wie der Wegfall der lokalen Zölle. Seit 1825 besteht auch ein Recht auf Heimat. Die Möglichkeiten, sich niederzulassen, eine Familie zu gründen, werden erleichtert, seit 1868 wird Gewerbefreiheit garantiert. All diese neuen Rahmenbedingungen ermöglichen es auch in Lauf, hierher zu ziehen und ein Geschäft zu eröffnen. Dem einzelnen Staatsbürger, wenn er auch noch immer ein Untertan ist, wird mehr Möglichkeit eingeräumt, seine Persönlichkeit zu entfalten und sein Leben eigenverantwortlich zu gestalten.

Zum neuen Erscheinungsbild der Stadt gehörte nun auch die Landwehr, eine Einrichtung des Bürgermilitärs zur Selbsthilfe und zum Polizeischutz. 1807 entstand auf Anordnung König Max Josephs auch in Lauf ein Bataillon der „National-Garde III. Klasse“. Sämtliche Bürger der Stadt bis zum 60. Lebensjahr – Frauen besaßen noch kein Bürgerrecht – mussten in der Landwehr Dienst tun. Sie bestand in Lauf aus vier Trupps, geleitet von Offizieren und angeführt von einem Major. Mit Ausnahme von Kriegszeiten unterstand die Landwehr den Zivilbehörden. Ihre Aufgaben lassen sich teilweise mit denen der heutigen Polizei, der Feuerwehr und des Technischen Hilfswerkes vergleichen. Die Bedeutung der Landwehr blieb gering, bereits 1869 wurde im Königreich ihre Auflösung verfügt. In manchen Bereichen trat die 1863 gegründete Freiwillige Feuerwehr Lauf ihre Nachfolge an. Die Landwehr war aber gerade auch in Lauf eine gemeinschaftfördernde Einrichtung mit gesellschaftlicher Bedeutung. Das Ausrücken mit Bataillonsmusik zu Übungen auf der Bleiche oder im Eichenhain, die Paraden auf dem Unteren Markt und die „Reisemärsche“ in die Umgebung mit oft recht feucht-fröhlichem Ausklang gehörten zum städtischen

Leben in einer Zeit, in der erste Vereinsaktivitäten erst im Entstehen waren.

Eine führende Persönlichkeit, die diese Zeit des Wandels im 19. Jahrhundert an verantwortlicher Stelle wesentlich mitgeprägt hat, war der Bürgermeister Conrad Gramp, der ab 1834 in drei Wahlperioden die Geschäfte der Stadt umsichtig leitete. Er legte auch 1835 die Statuten einer Einrichtung vor, die seitdem ununterbrochen bis zum heutigen Tag, freilich mehrfach umstrukturiert, besteht: die Sparkasse, damals „Spar-Kasse-Anstalt der Königlich Bayerischen Stadt Lauf" betitelt. Das Institut nahm seinen Betrieb, anfänglich mit mäßigem Erfolg, im Rathaus auf. Gedacht war die Kasse ursprünglich für Dienstboten, Knechte und Mägde, um die finanziellen Verhältnisse der „kleinen Leute" zu sichern und zu verbessern.

Bürgermeister Gramp war von Beruf Tabakfabrikant. Bereits seit früheren Jahrhunderten waren der Anbau und der Handel von Tabak und Hopfen für Lauf von großer Bedeutung. Der in den Vorstädten angebaute Tabak wurde vor allem durch die Firma Gramp in weite Teile Oberfrankens vertrieben, verlor jedoch am Ende des 19. Jahrhunderts seine Bedeutung, ja, sein Anbau ist heute in Lauf völlig verschwunden.

Weitaus anhaltender war die wirtschaftliche Bedeutung des Hopfens für die Stadt und ihre Umgebung. Im Zentrum eines alten Hopfenanbaugebietes – in Simonshofen wird diese Kulturpflanze bereits 1375 erwähnt – wurde Lauf im 19. Jahrhundert zu einem bedeutenden Hopfenmarkt und Siegelort. Dass der heimische Hopfen, der bis an den unmittelbaren Stadtrand am Kunigundenberg und auf dem Galgenbühl angebaut wurde, gerade auch für das heimische Braugewerbe von Bedeutung war, ist bereits aus der Stadtgeschichte früherer Jahr-

Bürgermeister Conrad Gramp (1800-1879)
Ölporträt
(Städtische Sammlungen Lauf)

Johann Georg Barth (1806-1868)
(Städtische Sammlungen Lauf)

hunderte bekannt. „Der Hopfen, in hiesiger Flurmarkung eifrig angebaut, und ein lebhaftes, gerne gesuchtes Handelsprodukt", erzielte im 19. Jahrhundert zwar stark schwankende, aber oftmals doch hervorragende Preise.

Dass Hopfen aus dem Laufer Raum selbst nach England und Australien exportiert wurde, war der Welthandelsfirma Barth & Weigmann zu verdanken. Ihr Begründer war der aus Betzenstein stammende Hopfenhändler Johann Georg Barth, der eine Laufer Müllerstochter heiratete und die Stadt dank ihrer verkehrsgünstigen Lage zum Standort seines Geschäftes auserwählte.

Neben Tabak und Hopfen gehörte auch der Viehhandel, angeführt von den Familien Held und Döring, im 19. Jahrhundert zu den bedeutendsten Wirtschaftsfaktoren der Stadt.

Die geschilderten Veränderungen im administrativen und ökonomischen Bereich sind bereits Marksteine auf dem Weg zur modernen Industriestadt Lauf, wenn auch der Begriff „Industrie" im heutigen Sinn damals noch keine Bedeutung hatte. Es vollzog sich gerade in den ersten Jahrzehnten des 19. Jahrhunderts ein großer Wandel, wie man ihn in den Zeiten seit dem Ende des Dreißigjährigen Krieges niemals und schon gar nicht innerhalb weniger Jahrzehnte in Lauf erlebt hatte.

Ein Symbol für diesen Wandel ist sozusagen das Sprengen der äußeren Hülle, innerhalb der über Jahrhunderte das Leben der Stadt Gestalt gewonnen hatte: 1810 wurden weite Teile der in ihren Grundzügen aus dem Mittelalter stammenden Stadtbefestigung für 2530 Gulden an interessierte Bürger verkauft. Der gesamte Abschnitt zwischen Judenturm und Hersbrucker Tor gelangte in Einzelparzellen in Privatbesitz, zumeist in die Hände der angrenzenden Hausbesitzer der Altstadt. Sie legten die Schutzmauer, die ihre Vorfahren noch selbst verteidigt und instandgehalten hatten, ein und nutzten die zugehörigen Grabenabschnitte als Gartenland oder als Bauplatz für Nebengebäude. So verschwand nach und nach der gesamte Mauergürtel, 1843 wurde auch der Abschnitt zwischen Judenturm und Mauermühle wegen Baufälligkeit eingelegt.

Lauf streifte Teile seines mittelalterlichen Kleides ab, und durch die nun ständig geöffneten Tore konnte ungehindert der Handels- und Reiseverkehr erfolgen.

Die gescheiterte Revolution

Gewiss, vieles Überkommene wurde in den ersten Jahrzehnten des 19. Jahrhunderts abgestreift, „alte Zöpfe" wurden abgeschnitten, Neugestaltung, neue Perspektiven, neue Freiheiten waren angesagt. Und doch darf nicht vergessen werden: Es herrschte Zensur, es gab keine freie Meinungsäußerung, die Behörden hatten das Sagen, der Adel genoss noch immer besondere Privilegien, es herrschten soziale Nöte, und seit den Befreiungskriegen war in ganz Deutschland die Sehnsucht nach *Einigkeit und Recht und Freiheit für das deutsche Vaterland* gewachsen, um die Worte aus der Nationalhymne zu zitieren, die Heinrich Hoffmann von Fallersleben 1841 gedichtet hat. Die biedermeierliche Beschaulichkeit hatte ein Ende, als 1848 der Funke der Revolution in Paris auch auf die deutschen Länder übersprang und eine bürgerliche Revolution entfachte, die allgemein mit dem Begriff der „Frankfurter Paulskirche" verbunden ist. Die politische Entwicklung von 1848 war bestrebt, Reformen herbeizuführen, die Gewalt zu teilen, die Bevormundung staatlicher Stellen abzuschütteln. Es ging nicht um die Beseitigung des monarchischen Systems. Als nun der Funke von Frankreich im März 1848 auch Deutschland erreichte, bildete sich auch in Lauf ein Kreis besonnener Bürger, der „Märzverein". Im Rückblick auf die Ereignisse von 1848 schrieb Bürgermeister Conrad Gramp: „Die Märzbewegung hat im hiesigen Städtchen und der Umgebung einen günstigen Boden gefunden. Es hat nicht bedurft, denselben erst zu lockern, er war schon vorbereitet, und das von Westen hergeflogene Samenkorn schoss in dem empfänglichen Boden mit Zauberschnelle zur üppigen Frucht auf".

Das liberale Bürgertum zeigte Selbstbewusstsein und unter dem Eindruck von Demonstrationen in München und auch in Franken berief König Ludwig I. am 6. März 1848 die Ständeversammlung ein, um Gesetzesvorlagen für Pressefreiheit, die Verantwortlichkeit der Minister gegenüber der Verfassung und für weitere Reformen zu erarbeiten: „Bayern! Erkennt in diesem Entschluss die angestammte Gesinnung der Wittelsbacher!" Durch diese Ankündigung fühlten sich auch die Laufer in Hochstimmung versetzt und folgten dem Aufruf ihres Bürgermeisters Christian Frobenius zu einer festlichen Beleuchtung des Rathauses und des Marktplatzes abends „Schlag 8 Uhr". Die Darbietungen des Gesangvereins und das Spielen der Landwehrkapelle prägten die vaterländische Feier für „unseren geliebten König Ludwig".

Die am 25. April 1848 angesetzte Wahl zur Allgemeinen Deutschen Volksvertretung in der Paulskirche wurde vom Laufer Märzverein lebhaft begrüßt. Das erste gewählte deutsche Parlament erarbeitete eine Verfassung, die einen Bundesstaat vorsah. Am 27. Mai 1849 richtete der Laufer Magistrat unter Führung des Bürgermeisters Gramp und mit Zustimmung der Gemeindebevollmächtigten eine „alleruntertänigste Vorstellung" an den König, „es wollen Eure Königliche Majestät für Deutschlands Einigung Allerhöchst Ihren Beitritt zu dem neuen deutschen Bundesstaate auf Grund der von der Deutschen Nationalversammlung beschlossenen Verfassung aussprechen. Der Bayern Liebe und Treu wird für so hochherzigen patriotischen Entschluss Eure Majestät segnen". Diese und andere Appelle fruchteten freilich nichts mehr, denn König Friedrich Wilhelm von Preußen lehnte es ab, die Krone einer revolutionären Versammlung anzunehmen, es war eine gescheiterte Revolution.

Die vom Laufer Märzverein vertretenen Gedanken waren aufrichtig gemeint in Achtung vor dem König. Sie konnten aber nicht unterbinden, dass sich manche Einwohner in Stadt und Land an dem Wort „Freiheit" festhielten und es auf ihre Weise auslegten; Parallelen zur Reformation und zu den Bauernkriegen drängen sich auf. Die allgemeine Verfassung der Bevölkerung war schlecht, nachdem Jahre der Missernte und Teuerung vorangegangen waren. Bürgermeister Gramp beschrieb es so: „Das unklare und dunkle Gefühl von den Mängeln der Zeit und den menschlichen Einrichtungen gewann plötzlich einen bestimmten allgemeinen Ausdruck. Zunächst war es der Druck der Leiden, welcher auch nach dem mit seltener Ergebung überstandenen Teuerungselend noch auf dem erwerbslosen darbenden Volke lastete und welcher das Volk in seiner Nahrungsangst jeden Hoffnungsschimmer auf Änderung seiner Lage und auf bessere Zeiten hastig und freudig begrüßen ließ". Die von manchen nun selbst ausgelegte Freiheit führte zu Entwicklungen, die das Landgericht Lauf entweder durch wortreiches Entgegenkommen oder durch kurzangebundene Strenge zu steuern versuchte. Viele Symptome des Aufruhrs und der Gesetzlosigkeit entstanden in der Umgebung von Lauf, wurden aber

Ansicht von Lauf. Stahlstich von G. Hess nach einer Zeichnung von L. Rohbock, ca. 1850 (Städtische Sammlungen Lauf)

dann in die Stadt hineingezogen und führten auch hier in manchen Kreisen zu aufrührerischem Verhalten.

Ein besonderes Ärgernis war der Bevölkerung das Jagdrecht in den umgebenden Wäldern, das dem Adel oder dem königlichen Forstpersonal zustand. Die Bauern seufzten unter den Wildschäden und sahen nun den Tag gekommen, geradezu mit Treibjagden den Wildbestand zu vermindern. Ein weiterer Angriffspunkt war das althergebrachte Waldrecht in den Wäldern Sebaldi und Laurenzi, im Besonderen die den Bauern vorenthaltene Waldstreu. Über 500 Forstberechtigte erzwangen in Nürnberg die Wiederzuweisung der Streu. Dies geschah in einem friedlichen, eindrucksvollen Protestzug. Dass aber die erhitzte Volksseele auch zu anderem fähig war, zeigt ein Überfall der Laufer Rußigen auf das Röthenbacher Forsthaus. Der Revierförster konnte nur im Hemd nach Schwaig fliehen, das Forsthaus selbst wurde völlig verwüstet.

Dem tagtäglichen Wildfrevel konnten die Beamten nicht länger tatenlos zusehen. Der „Eberlasbauer" Pfister von Großbellhofen wurde auf frischer Tat ertappt und nach Lauf überstellt. Daraufhin erhob sich die allgemeine Volkswut, die Fenster des Schlosses und der Wohnung des Gerichtsassessors Schöninger wurden eingeschlagen. Der Leibjäger Wagner von Reichenschwand, der den Eberlasbauern erwischt hatte, wurde in einer Laufer Wirtschaft misshandelt. Man riss ihn am Bart, zerbrach seine Brille und trieb ihn in die Pegnitz, doch er konnte sich schwimmend retten. Natürlich spielte bei diesen Vorgängen enthemmend auch der allzu starke Genuss des Laufer Bieres eine wichtige Rolle! Gerichtsassessor von der Pfordten blieb nichts anderes übrig, als den Bauern Pfister wieder auf freien Fuß zu setzen, nachdem sich Bauern aus Großbellhofen, Germersberg und anderen Orten bereits in Heuchling gesammelt hatten, um mit Hauen und Mistgabeln den Sturm auf das Laufer Schloss anzutreten.

Trotz allem scheiterte die Revolution, aber manches veränderte sich doch, früher oder später.

Von der Trennung von Rechtsprechung und Verwaltung durch die Auflösung des Landgerichts älterer Ordnung war bereits die Rede, sie erfolgte erst 1862. Unmittelbare Folgen der Jahre 1848/49 waren die Befreiung der Bauern von den Grundabgaben und die Auflösung der adeligen Gerichtsbarkeit sowie die rechtliche Gleichstellung der jüdischen Einwohner. Diese wichtigen Ergebnisse der Revolution betrafen Lauf selbst zwar nur am Rande, dafür umso unmittelbarer die Neuordnung des Jagdrechtes. Die Stadt erhielt die Befugnis, über die Jagdverhältnisse in ihrer Gemarkung selbst zu bestimmen in Form einer Jagdgenossenschaft. Dieses System besteht noch heute, genauso wie eine andere Folge jener Jahre: Am 8. Mai 1848 hatte der Laufer Stadtmagistrat erklärt, dass er von nun an seine Sitzungen öffentlich abhalten wolle. Diese demokratische Gepflogenheit wird – natürlich nicht nur in Lauf – noch heute geübt.

Das Jahrhundert der Vereine

Das 19. Jahrhundert bringt nicht nur eine – wenn auch fehlgeschlagene – Revolution hervor, es verändert auch die Gesellschaft grundlegend. Sie war über Jahrhunderte in eine feste Ordnung eingebunden, in die man sozusagen hineingeboren wurde. Bisher war man geprägt von dem Stand, dem man Kraft Geburt angehörte, nun aber entwickelte sich das Individuum, der Mensch stellte sich auf sich selbst. Man gehört einer Gruppe, einer Gemeinschaft nicht mehr durch Geburt an, sondern Menschen unterschiedlicher Herkunft und Standes finden sich aus eigenem Entschluss, aus eigenem Interesse zu einer Gemeinschaft zusammen. Das 19. Jahrhundert wird die Epoche der bürgerlichen Vereine, die etwas verändern, verbessern wollen, die der Kultur, der Bildung, der Geselligkeit huldigen.

Laufs ältester Verein ist die **Privilegierte Schützengesellschaft**, doch sie gehört nicht zu der Zeiterscheinung des 19. Jahrhunderts, da sie aus der mittelalterlichen Wehrgemeinschaft der Stadtbürger hervorgegangen ist. Der erste Verein Laufs im Sinne der bürgerlichen Entwicklung war der **Gesangverein**. Seine Entstehung ist mit dem Namen eines Mannes verbunden, der auf verschiedenen Gebieten segensreich für diese Stadt gewirkt

Ernst Julius Dasch (1789-1880)
Zeichnung von Johann Christoph Bankel
(Städtische Sammlungen Lauf)

hat: Ernst Julius Dasch. Er wirkte seit 1819 als Leiter der Volksschule, und er begann sein verdienstvolles öffentliches Wirken nicht nur im streng pädagogischen Bereich, sondern weit darüber hinaus zum Wohl der ganzen Stadt mit der Wiederbelebung des Kunigundenfestes 1819. Nach Ende der strengen Ära des Grafen Montgelas griff der Schulrektor die Wünsche der Bevölkerung auf und setzte das „Jugend- und Kunigundenfest“ als nationale bayerische Veranstaltung zum Wohl der Jugend durch. Dasch wurde diese Feier zur Herzensangelegenheit. Dass das Kunigundenfest noch heute das zentrale Ereignis im Jahreslauf darstellt, ist vor allem ihm zu verdanken, und so gehörte die öffentliche Ausstellung seines Porträts an der Fassade des alten Schulhauses in der Nürnberger Straße viele Jahrzehnte zu den Traditionen der Kunigundenkirchweih. Heute erinnert eine Straßenbezeichnung an diese um das Gemeinwohl hochverdiente Persönlichkeit.

Im Jahr 1842 ergriff Dasch die Initiative zur Gründung eines Gesangvereins, angeregt „von mehreren der achtbarsten Bürger und Bürgersöhne“. In seinem Antrag an den Stadtmagistrat schreibt Rektor Dasch: „Die menschliche Stimme ist das schönste Instrument, daher Gesang eine allgemeine aber auch unschuldige, ja sogar sehr zu empfehlende Volksunterhaltung , weshalb auf Genehmigung dieser Erheiterungs-Gesellschaft von Seiten eines wohllöblichen Stadtmagistrats umso mehr gehofft werden darf, weil durch Gesänge mehr das Gesellschaftliche erhöht, als oft durch Gespräche Erfreuliches gestiftet wird. Um baldgefällige Resolution bittend hat die Ehre unter Versicherung der allerreinsten Hochachtung zu bestehen eines wohllöblichen Stadtmagistrats ganz gehorsamster Dasch“.

Dasch hat diesen Antrag geschickt formuliert, wenn man die Zeit bedenkt: 1842 weht noch der Geist der Reaktion. Jegliche Versammlung war der Obrigkeit suspekt. Doch Dasch greift dem vorweg, indem er betont, was für eine schöne und unschuldige Volksunterhaltung der Gesang sei. Der Magistrat hatte an diesem wohlgesetzten Antrag auch nichts auszusetzen, musste aber den doch ungewöhnlichen Vorgang dem Landgericht im Schloss zur Genehmigung vorlegen, das

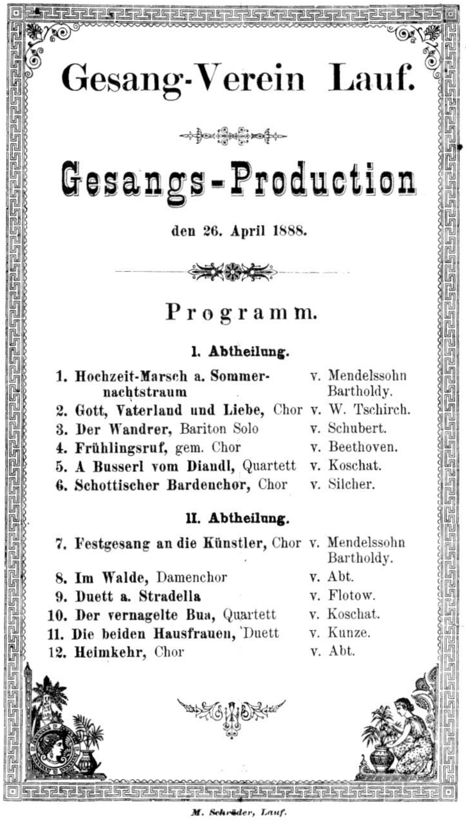

Gesang-Verein Lauf.

Gesangs-Production

den 26. April 1888.

Programm.

I. Abtheilung.

1.	**Hochzeit-Marsch a. Sommernachtstraum**	v. Mendelssohn Bartholdy.
2.	**Gott, Vaterland und Liebe,** Chor	v. W. Tschirch.
3.	**Der Wandrer,** Bariton Solo	v. Schubert.
4.	**Frühlingsruf,** gem. Chor	v. Beethoven.
5.	**A Busserl vom Diandl,** Quartett	v. Koschat.
6.	**Schottischer Bardenchor,** Chor	v. Silcher.

II. Abtheilung.

7.	**Festgesang an die Künstler,** Chor	v. Mendelssohn Bartholdy.
8.	**Im Walde,** Damenchor	v. Abt.
9.	**Duett a. Stradella**	v. Flotow.
10.	**Der vernagelte Bua,** Quartett	v. Koschat.
11.	**Die beiden Hausfrauen,** Duett	v. Kunze.
12.	**Heimkehr,** Chor	v. Abt.

M. Schröder, Lauf.

Programm einer „Gesangs-Production" des Gesangvereins Lauf am 26. April 1888 (Stadtarchiv Lauf, Bestand Sängervereinigung Lauf)

sich ebenso überfordert sah und die Angelegenheit an die kgl. Kreisregierung in Ansbach weiterleitete. Es dauerte zwei Jahre, bis die von Dasch ausgearbeitete Satzung endlich genehmigt wurde! Die gestrengen Auflagen lauteten: „Aufgabe des Vereins muss es zunächst sein, durch Einübung vaterländischer Gesänge den Patriotismus der Mitglieder zu wecken und durch Einübung geistlicher Lieder auf die Verbesserung der Kirchenmusik und die erhöhte Feier des Gottesdienstes einzuwirken. Sogenannte Vergnügungsfeste hat der Verein nicht zu feiern. Das Gesellschaftslokal muss der Vorstand der Polizeibehörde stets anzeigen, die Polizeistunden sind einzuhalten".

So bildete sich nun ein Verein, der für das kulturelle und gesellschaftliche Leben in Lauf bis weit nach dem Zweiten Weltkrieg große Bedeutung hatte. Die Mitgliedsnummer 1 erhielt Dasch zugesprochen, ohne dessen Bemühungen der Verein wohl nicht gebildet worden wäre, und so war ihm auch die Feier der Fahnenweihe am 10. Mai 1846 eine besondere Genugtuung und Freude. Damals gehörten bereits 60 aktive und passive Mitglieder dem Verein an, der nun zur gesellschaftlichen Ebene für die Bürgerkreise der Stadt wurde.

Ein zweiter für Lauf bis heute wichtiger bürgerlicher Verein des 19. Jahrhunderts ist der 1877 gegründete **Turnverein**. Er war nicht der erste seiner Art in der Stadt, denn bereits 1861 hob man einen **Sportverein** aus der Taufe. Dieser nahm allerdings einen ganz anderen, aber für die Bevölkerung äußerst bedeutsamen Weg. Seine Mitglieder turnten nämlich bereits nach wenigen Jahren vorwiegend auf Feuerleitern herum und widmeten sich uneigennützig dem Brandschutz, und das war in einer aufstrebenden Stadt mit zahlreichen Feuerstätten und In-dustriebetrieben sehr wichtig. So nannte man sich bereits 1863 „**Turnfeuerwehr**" und schließlich seit 1869 wie auch heute noch „**Freiwillige Feuerwehr Lauf**".

War also diesem ersten Turnverein das sportliche Ziel schnell verloren gegangen, so widmete sich dann der 1877 neugegründete Turnverein ausschließlich den Leibesübungen. Unter dem Motto der vier F: „Frisch, fromm, fröhlich, frei" versammelten sich 16 Gründungsmitglieder.

Turnerriege des Turnvereins 1877 im Jahr 1926
(Stadtarchiv Lauf)

Blick über die 1852 errichtete Wasserbrücke auf die Altstadt, ca. 1919
(Stadtarchiv Lauf)

Die Entwicklung des Vereins ist typisch für die Zeit. Die Bedürfnisse des Einzelnen stehen im Vordergrund. Man trifft sich zur Leibesertüchtigung, zur geselligen Begegnung und man huldigt dem Nationalgedanken, Dinge, die der Bürgerschaft des 18. Jahrhunderts ganz fremd gewesen waren. Nun war man die tragende Schicht, man hatte Selbstbewusstsein gegenüber dem Adel. Man war aber mehr oder weniger unbewusst doch wieder „unter sich“ und es wird im Fortgang zeigen, dass sich ausserhalb des Bürgertums in Kreisen der Arbeiterschaft eigene Vereine entwickelten.

Post und Eisenbahn

Zur Veränderung der äußeren Lebensverhältnisse und zur Stärkung der Standortvoraussetzungen Laufs im 19. Jahrhundert hat in besonderer Weise auch die Entwicklung des Verkehrswesens beigetragen. Die Stadt war in diesem Bereich ja keinesfalls unterentwickelt, verdankte sie doch bereits im Mittelalter sehr viel ihrer verkehrsgünstigen Lage an der Fernhandelsstraße nach Böhmen und am wichtigen Flussübergang. Der Ausbau der Straßen als befestigte Chausseen seit dem 18. Jahrhundert, der aufwändige Bau der hochwassersicheren Steinbrücke über die Pegnitz 1852 und die nun ungehindert passierbaren Stadttore verbesserten den

Blick auf den Unteren Markt mit dem Westgiebel des Rathauses, im Vordergrund ein Postwagen. Lithographie von Hieronimus, ca. 1840
(Städtische Sammlungen Lauf)

Reise- und Fuhrverkehr erheblich. Der Staat nahm sich nun auch der Verkehrsangelegenheiten an, und 1828 wurde die noch aus Zeiten der Taxischen Post stammende Postexpedition Rückersdorf nach Lauf verlegt. Sie befand sich seit 1846 im Hause des Essigfabrikanten Heinlein am Marktplatz.

Die Post ist ein wichtiges Verkehrsmittel. Sie befördert Waren und Personen, sie überbringt schriftliche Mitteilungen, sie bindet die Stadt ein in ein das ganze Land überziehendes Transport- und Informationsnetz. Vor allem im Verkehr mit Nürnberg ist die Verbindung wichtig. Seit alter Zeit hatte man Boten mit Waren, Briefen und Aufträgen an bestimmten Tagen hin- und hergeschickt, nun wird dieses altbewährte System mehr und mehr durch den Postdienst ergänzt und ersetzt. Es ist wieder ein Verdienst des bereits mehrfach genannten Rektors Ernst Julius Dasch, dass man nach Nürnberg auch eine „Diligence“, einen pferdebespannten Eilwagen einsetzt, der Reisende zu festen Zeiten verhältnismäßig schnell in die große Nachbarstadt und wieder zurück bringt. Bis zur Eröffnung der Eisenbahnverbindung bewährt sich dieses nützliche Verkehrsmittel. Man rückt näher zusammen, nicht nur mit Nürnberg, auch landesweit, ja schließlich auf Reichsebene. Bisher entfernte, ja unbekannte Märkte werden für die heimische Wirtschaft, für den Tabak- und Hopfenhandel, interessant.

Die ehemalige Güterhalle am Bahnhof links der Pegnitz wurde 1859 im „Ostbahnstil“ errichtet
(Stadtarchiv Lauf)

1888 wurde die Postexpedition in das Erdgeschoss des Rathauses verlegt, und hier eröffnete man 1893 auch die Fernsprechvermittlungsstelle – ein atemberaubend modernes Transportmittel für Mitteilungen, das sich die Laufer Geschäftsleute sofort zu Nutze machten.

Ein weiteres Kapitel im Verkehrszeitalter beginnt für Lauf kurz nach Jahrhundertmitte, als die Stadt ihren ersten Eisenbahnanschluss erhält. Die Trassenführung der von der Königlich Privilegierten Ostbahngesellschaft errichteten Schienenverbindung nach Ostbayern, über Amberg und Schwandorf nach Regensburg, dann über Furth im Wald nach Böhmen, stand nicht von Anfang an fest, auch der Raum Altdorf-Lauerhofen machte berechtigte Interessen geltend. Lauf musste also seine Vorzüge herausstreichen, um im Wettbewerb mit anderen Gemeinden bestehen zu können. Dieser Tatsache verdanken wir eine aufschlussreiche Zustandsbeschreibung der Stadt aus der Mitte des 19. Jahrhunderts:

„Die Stadt Lauf, 4 4/8 Poststunden von Nürnberg entfernt, an der Pegnitz, zählt 3100 Einwohner und steht im lebhaften Verkehr mit Nürnberg, wohin täglich von hier aus zwei Stellwagen und die Botenfuhrwerke gehen. Dahier in Lauf münden die Distriktsstraße von Eschenau an der Bayreuther Hochstraße und von Pegnitz in die Nürnberger Straße ein, auch kann nach Errichtung der Bahn die schon so lange projektierte Distriktsstraße nach Altdorf hierher gar nicht mehr zurückgestellt werden. Nur hier in Lauf endlich kann die Pegnitz zwischen hohen Ufern vermittels der neuerbauten steinernen Brücke zu jeder Jahreszeit mit Fuhrwerk passiert werden, während der Fluss sonsten in seinem ganzen Lauf allewärts mehrfach Überschwemmung verursacht und die Kommunikation stört. Der Verkehr dahier kann nicht besser geschildert werden, als durch Angaben der Tatsache, dass der städtische Pflasterzoll bei niedrigen Tarifsätzen für jährlich 1900 Gulden verpachtet ist, und wenn natürlich das durchgehende Fuhrwerk aus der Oberpfalz und aus Böhmen einen großen Teil ausmacht, so ist doch der Verkehr auch sehr in Anschlag zu bringen, der aus dem Bayreuther Lande her das Schnaittachtal herab hierher auf die Straße zieht und der nach Vollendung der Bahn noch wachsen muss. Die Stadt Lauf ist der Sitz eines Landgerichts, einer Postexpedition und es befinden sich dahier 4 Mühlen, 1 Spiegel-

Blick vom Schmalzberg auf das Pegnitztal mit dem Moritzberg im Hintergrund.
Die Stadt Lauf ist noch weithin von Hopfengärten umgeben.
Rechts im Bild der Bitterbachviadukt der rechten Bahnstrecke.
Aufnahme ca. 1910.
(Städtische Sammlungen Lauf)

glasschleife, 1 Drahtfabrik, 2 Eisenhämmer, 4 Metallhämmer, 1 Nadelfabrik, wovon die Fabrikwerke allein jährlich 10.000 Zentner Gut aus und ein bewegen, die Zufuhr ihres Bedarfs an Brennholz, Kohlen, Baustoffen ungerechnet. Zu Lauf werden 9 Jahrmärkte gehalten, der Hopfenbau ist bedeutend, es werden dahier jährlich 9.000 Zentner Hopfen in den Handel verladen, es wird viel Mastvieh ausgeführt ...

Alle diese Verhältnisse mit einander werden oben angesprochenen Wunsch nach einem entsprechenden Stationshof nahe der Stadt Lauf rechtfertigen, so dass wir nicht weiter pro domo zu sprechen haben".

Dieser eindrucksvollen Schilderung der Verkehrs- und Wirtschaftsverhältnisse konnten sich die Eisenbahnplaner nicht verschließen und so wurde die Ostbahnstrecke über Lauf geführt und am 9. Mai 1859 eröffnet. Dass bereits 1877, diesmal unter staatlicher Regie, auf dem anderen Pegnitzufer ebenfalls eine Bahnstrecke geschaffen werden konnte, die „Fichtelgebirgsbahn“ nach Bayreuth mit Anschluss nach Marktredwitz, Sachsen und Böhmen, verlieh dem Städtchen eine äußerst verkehrsgünstige Position. Zwei weitere projektierte Bahnstrecken über Schnaittach nach Simmelsdorf-Hüttenbach und Betzenstein sowie nach Leinburg konnten später wegen der Auswirkungen des Ersten Weltkrieges nur noch teilweise oder gar nicht verwirklicht werden, obwohl der Stadtmagistrat und die Laufer Hopfenhändler daran großes Interesse bekundet und Beiträge zur Vorfinanzierung geleistet hatten.

Die Bahnlinien haben nicht nur für die Industrialisierung der Stadt wichtige Voraussetzungen geschaffen, sie veränderten auch das Stadtbild beträchtlich, sie durchschnitten althergebrachte innerörtliche Verbindungen, sie trugen aber auch dazu bei, dass sich die Bebauung bis an die Bahnkörper ausdehnte, denn es war in den Anfängen der Laufer Bahngeschichte geradezu „in“, in Bahnhofsnähe zu wohnen, was noch heute an den repräsentativen Villenbauten entlang der Weigmann- oder Urlasstraße abzulesen ist.

Zwei Kriege auf dem Weg zur staatlichen Einheit

Das neue und sich schnell ausdehnende Eisenbahnnetz ließ die Menschen in ganz Deutschland über die althergebrachten Grenzen der Königreiche, Herzogtümer, Fürstentümer und Freien Städte hinweg noch näher zusammenrücken. Die 1848 aufgebrochene Sehnsucht nach einem geeinten deutschen Vaterland erhielt neuen Ausdruck durch den Ausbruch des Dänisch-Deutschen Krieges 1864, bei dem es um die Unteilbarkeit Schleswig-Holsteins ging. Die beiden deutschen Großmächte Österreich und Preußen ziehen hier erfolgreich an einem Strang, geraten dann aber in der Frage der Zuständigkeit und Verwaltung dieser Gebiete miteinander in Streit, und es entfacht sich der Deutsche Bruderkrieg von 1866, dessen Folgen bekannt sind: Österreich verlässt den deutschen Staatenbund, Preußen tritt die Vorherrschaft in dem neugebildeten Norddeutschen Bund an, Bayern, das auf Seiten Österreichs gestanden hatte, muss Gebietsverluste, eine Zahlung von 30 Millionen Gulden an die Krone Preußens und einen Bündnisvertrag hinnehmen, dessen Inhalt von Preußen diktiert wird.

Diese Vorgänge mögen „große“ Geschichte sein, aber sie hatten ihre Auswirkungen durchaus auch auf Lauf. Wie schon in den zurückliegenden Jahrhunderten wird die große Handelsstraße zur Heeresstraße. Das Vordringen preußischer Truppen in den Raum Nürnberg unter dem Befehl des Großherzogs von Mecklenburg ließ die Stadt Lauf nicht unberührt. Am 31. Juli 1866 rückten Einheiten der Infanterie und Kavallerie in einer Stärke von 1400 Mann nach Lauf ein und mussten von Bürgermeister Conrad Gramp und der ängstlichen Bürgerschaft empfangen werden. Alles Wertvolle hatte man vergraben und versteckt oder außerhalb der Stadt gebracht.

Abgesehen davon, dass die Preußen die Telegraphenleitung am Bahnhof der Ostbahngesellschaft zerstörten, verhielten sich die Truppen aus Altenburg und Mecklenburg jedoch sehr diszipliniert, ebenso die später nachrückenden Braunschweiger und 1200 Mann des preußischen Garderegiments. Die militärischen Durchzüge verursachten der Stadt Verpflegungskosten in Höhe von 17.000 Gulden, eine stattliche Summe!

Die Berührung mit dem „norddeutschen Feind“ sollte jedoch die gegenseitige Achtung und Wertschätzung und damit den Wunsch nach nationaler Einheit weiter bestärken. Das zeigt gerade auch das Laufer Beispiel. Als man erkannte, dass jene Preußen, Oldenburger und

Festakt zur Einweihung des Ehrenmales auf dem Oberen Markt
am 30. August 1896
(Stadtarchiv Lauf)

Braunschweiger ja auch nur deutsche Menschen waren, die es aufrichtig meinten, wandelte sich die Angst vor den Fremden zu einer gegenseitigen Sympathie. Der Laufer Büttnermeister Johann Erbar hat dies in seinem Abschiedsgedicht an die heimkehrenden Braunschweiger so formuliert:

„Ihr zieht jetzt heim als edle Sieger,
habt keinem nichts zu Leid gebracht,
und seid die tapfersten der Krieger,
habt jeden Feind zum Freund gemacht.

Und kommt ihr heim zu euren Lieben,
zeigt ihnen meinen Lorbeerstrauß!
Den ich zum Dank für euch geschrieben,
lebt wohl und kommt gesund nach Haus“.

Der nur vier Jahre später ausbrechende Deutsch-Französische Krieg wirkte sich auf Lauf und seine Einwohner ganz anders aus als jener von 1866. Diesmal standen nicht belastende, aber vergleichsweise harmlose Durchzüge im Vordergrund, vielmehr mussten die zum Kriegsdienst eingezogenen Männer ihre Heimat weit hinter sich lassen und gegen ein für sie weit entferntes Land kämpfen. Die Auseinandersetzung ging für den Norddeutschen Bund und seine verbündeten süddeutschen Staaten siegreich aus, doch allein die Stadt Lauf hatte sechs Opfer zu beklagen, die entweder unmittelbar in den Kampfhandlungen gefallen oder an den Folgen von Verletzungen in Lazaretten gestorben waren. Zusammen mit drei weiteren Namen aus den eingepfarrten Orten der Laufer Kirchengemeinde finden sich die Namen der Kriegsopfer auf einer 1872 in der Johanniskirche angebrachten Gedenktafel. Erst 25 Jahre später wurde am 30. August 1896 auf dem Oberen Markt vor der Stadtapotheke ein Ehrenmal aus Kösseinegranit errichtet, das in Form eines Obelisken mit bekrönendem Reichsadler „den Feldzugssoldaten zur Erinnerung an glorreiche Kämpfe 1870/71“, wie es auf der Inschrift heißt, gewidmet wurde.

Die Gedenkfeier dauerte mehrere Tage und trug teilweise volksfestähnliche Züge mit Umzug, Feuerwerk, Frühschoppen und Belustigungen. Zur Aufführung gelangte auch das von dem Laufer Komponisten Friedrich Carl Weigmann (1869-1939) stammende Lied:

Jahrtausende haben's geschaffen
Jahrtausende soll es nun steh'n
Im Glanze der Waffen
Auf geistigen Hö'hn
Das Reich in stolzer Herrlichkeit.

Die Errichtung des Ehrenmales an einem herausragenden Platz im Herzen der Stadt (1956 in den Ehrenhain des Stadtfriedhofs verlegt), die Festfreude und die pathetischen Reden legen Zeugnis ab von den Empfindungen und Wertvorstellungen der damaligen Zeit, die durch die Aufbruchstimmung der „Gründerzeit“ des neuen deutschen Kaiserreiches geprägt waren. Im fernen Versailles, in besiegtem Feindesland, hatte sich die langersehnte Einheit des Reiches unter der Führung Preußens verwirklichen lassen. Von neuem wiederholten sich nun auch für Lauf Ereignisse, welche die Stadt schon 65 Jahre zuvor erlebt hatte: Vereinheitlichung der Maße und Gewichte, der Währung, der Gesetzgebung, nun auf Reichsebene.

Neue Technik

Der Aufschwung nach der Reichsgründung, die neuen Verkehrsmittel, bahnbrechende Erfindungen und die Vereinheitlichung der Ordnungen im Reich begünstigten

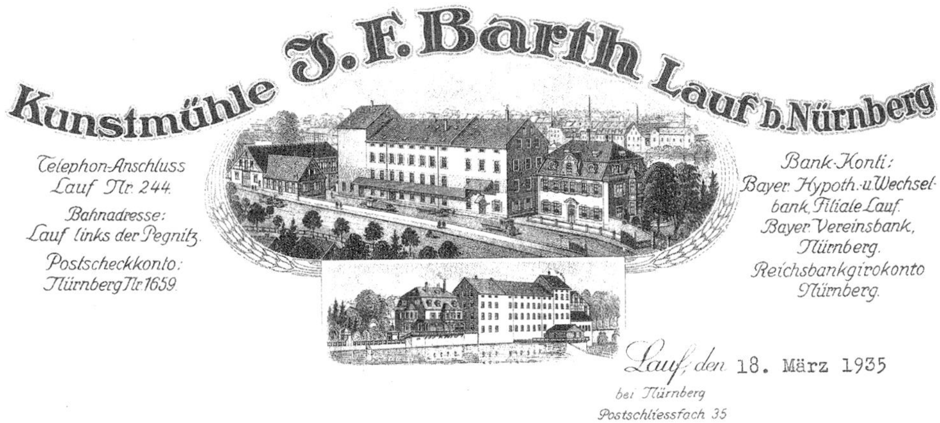

Darstellung der Kunstmühle Barth auf einem Briefkopf aus der Zeit um 1925 (Stadtarchiv Lauf)

das Aufblühen der Industrie. Hier musste man in Lauf nicht erst aus dem Nichts beginnen, die Stadt verfügte ja über eine seit dem Mittelalter entwickelte gewerbliche Infrastruktur, begründet auf Handel, Handwerk und industriellen Vorformen, wie sie in den Hammerwerken, Drahtziehmühlen und Polierwerken zu erkennen sind. Im Unterschied zum Handwerk werden die Arbeitskraft und das Werkzeug des einzelnen Werktätigen nun weitgehend durch Maschinen ersetzt. Nicht eine Person erstellt ein Produkt von Anfang bis Ende, die Maschine ermöglicht arbeitsteiliges Schaffen.
Es entstehen nicht mehr individuelle Einzelstücke sondern Massenerzeugnisse vollkommen gleichartiger und gleichwertiger Qualität.

Technik und Maschinen zogen auch in die altehrwürdigen Mühlenbetriebe ein. Sie wandelten sich gerade in Lauf zu „Kunstmühlen", in denen viele Vorgänge und Transportwege erleichtert und beschleunigt wurden. Mahlsteine werden durch Stahlwalzen ersetzt, der Mühlenbetrieb arbeitet auch nicht mehr wie einst im Auftrag als „Lohnmühle", er wird vielmehr ein eigenständiges Unternehmen, das Getreide ankauft und das fertige Produkt selbst an Handel und Gewerbe verkauft. Durch diese Änderungen können viel größere Mengen bewältigt werden und das war angesichts der steigenden Bevölkerungszahl auch notwendig.

Ein gutes Beispiel für diese Entwicklung ist die Kunstmühle Barth, die noch bis 1980 gearbeitet hat und nach wie vor in Lauf ein Begriff ist. Johann Friedrich Barth, dessen Vater sich als Hopfenhändler in Lauf niedergelassen hatte, heiratete 1866 in die Mühle der Familie Siebenkees am zweiten Pegnitzwehr ein und vollzog, ausgestattet mit Kapital, das ihm aus dem Hopfenhandel zur Verfügung stand, den Wandel von der Mühle herkömmlicher Art zum Kunstmühlbetrieb. Mit einem leistungsfähigen Transportsystem von neun Fuhrwerken konnte ein weiter Einzugsbereich östlich von Nürnberg bis nach Altdorf bedient werden. In ihrer Blütezeit verfügte die Firma über 18 Pferde und eine Gesamtbelegschaft von bis zu 30 Personen.

Um eine Vorstellung von der beginnenden Industrialisierung in Lauf zu erhalten, folgt eine Aufzählung der Betriebe an der Pegnitz aus der Zeit nach 1871:

Am 1. Wehr: Kunstmühle Schmidt und Ritz, Schleifmühle Reichel, Kunstmühle Grünauer-Eckert.

Am 2. Wehr: Drahtfabrik Zeltner und Mahla, Metallhammerwerk Schmelz, Messingfabrik Daumer, Kunstmühle Riedner, Kunstmühle Barth.

Am 3. Wehr: Nadelfabrik Wiß, Messingfabrik Hammerbacher, Kunstmühle Arnold, Holz-Warenfabrik Döring.

Am 4. Wehr: Metallfabrik Gebhard, Hammerwerk Engelhardt, Glaspolierwerk Fischer, Nadelfabrik Schmelz, Metall- und Rauschgoldfabrik Hartmann.

Lauf wird Industriestadt

Die Geschichte einzelner Betriebe und ihr häufiger Wandel in den Besitz- und Produktions-Verhältnissen kann hier nicht geschildert werden, beispielhaft soll aber die Firma Döring am dritten Wehr links der Pegnitz vorgestellt werden, die noch heute, wenn auch außerhalb von Lauf, tätig ist. An diesem Betrieb kann man nachvollziehen, was bereits allgemein über die Industrialisierung gesagt wurde.

Johann Döring war Handwerker, Drechsler, er nutzte 1857 die Wasserkraft mittels eines Rades am zweiten Wehr, das ihm aus Gefälligkeit zur Verfügung gestellt wurde. 1863 erwarb er sein eigenes Wasserrad am dritten Wehr links, das auch zum Sitz seiner Firma wurde. Der Betrieb wuchs kontinuierlich, es wurden weitere Arbeitskräfte und Lehrlinge eingestellt, Fräs- und Bohrmaschinen wurden angeschafft, die Einzelherstellung wich der Serienfertigung. Produziert wurden vor allem Holzrohteile für die Pinsel- und Bürstenherstellung, die im Raum Nürnberg, aber auch westlich davon, in Bechhofen bei Ansbach, einen Schwerpunkt hatte. Der Transport erfolgte anfänglich mit Gespannen, später dann mit der Eisenbahn.

Die Firma Döring wurde bekannt, ihre Produkte wurden auch von der Pinsel- und Bürstenindustrie im benachbarten Ausland bezogen, der Betrieb weitete sich aus, die Wasserkraft war nicht mehr ausreichend, eine neue, moderne Energie wurde genutzt mit der Dampfmaschine. 1887 schafft Döring die erste an mit sechs PS, 1888 eine zweite mit 20 PS, 1893 erfolgt eine Erweiterung auf insgesamt 40 PS. 1896 arbeiteten bereits 80 Personen in der Firma, die 1888 Sohn Christof Döring übernommen hatte.

Für den expandierenden Betrieb wurde das Gelände am Fluss viel zu eng, der Standort war auch nicht mehr zwingend, da die Nutzung der Wasserkraft ihre Bedeutung verloren hatte.

1901 entschließt sich Döring zur Verlagerung seiner Firma in ein Gelände am Ottensooser Weg. Hier konnte 1905 die moderne Holzwarenfabrik eröffnet werden, die verkehrsgünstig über einen Gleisanschluss nahe dem Bahnhof links der Pegnitz verfügte. Geschickt nutzte der Fabrikant nun auch die Heizkraft der zur Verbrennung bestimmten Holzabfälle, damit konnte eine Dampf-

Die Belegschaft der Drechslerei Johann Döring, 1894
(Stadtarchiv Lauf)

Am 4. Wehr links der Pegnitz bestand bis zum Beginn des 20. Jahrhunderts die Metall- und Rauschgoldfabrik Hartmann & Birkner. Zu erkennen sind zwei holzverkleidete Radstuben und ein offenes Wasserrad, ca. 1900 (Stadtarchiv Lauf)

Briefkopf der Firma Bankel mit Ansicht der beiden Produktionsstätten, links ist die Rollbahnbrücke über die Pegnitz zu sehen, um 1915 (Stadtarchiv Lauf)

maschine mit 400 PS angetrieben werden, eine ganz moderne Idee der Wiederverwendung von Reststoffen! Bereits 1910 betrug der Export 40% des Gesamtgeschäftes, nun wurde auch die Nürnberger Spielwarenindustrie mit Holzkleinteilen beliefert.

Die Zahl der Beschäftigten steigerte sich von 40 im Jahre 1887 auf 234 im Jahre 1910. Allein daran kann man bereits den Aufstieg dieser Firma ermessen.

Der industrielle Wandel wird deutlich, wenn man die Aufstellung der Betriebe am Fluss vom Jahr 1871 etwa 30 Jahre später wiederholt:

Am 1. Wehr: Kunstmühle Schmidt und Ritz, Schleifmühle Reichel, Kunstmühle Schlicht.

Am 2. Wehr: Isoliermittelfabrik Mahla, Hammerwerk Engelhardt, Kunstmühle Riedner, Kunstmühle Barth.

Am 3. Wehr: Noris Asbestwerke, Messingfabrik Hammerbacher, Kunstmühle Arnold, Süddeutsche Isolierwerke, Holzwarenfabrik Döring.

Am 4. Wehr: Metallfabrik Biberbach, Sporer und Taubmann, Hammerwerk Karl Engelhardt, Glaspolierwerk Fischer, Metallfabrik Hartmann und Birkner.

Am traditionellen Laufer Gewerbestandort, links und rechts der schnell laufenden Pegnitz, bestand also um die Jahrhundertwende ein Gemisch althergebrachter, aber durch moderne Techniken verbesserter Betriebe wie die Kunstmüh-

Schutzmarke der Firma Fritz Krug (Stadtarchiv Lauf)

Oskar Sembach (1856-1943) (Stadtarchiv Lauf)

len und Hammerwerke, und neuer Industrien, die sich kaum mehr der Wasserkraft, sondern der Dampfmaschine bedienten. Mehrere Hundert Menschen aus Lauf und Umgebung wurden hier beschäftigt.

Doch die Laufer Industrie hatte noch andere Wurzeln, die nicht im Zusammenhang mit der Wasserkraft standen und somit nicht unmittelbar an der Pegnitz angesiedelt waren. Hier sind vor allem die keramischen Betriebe zu nennen. Hafner und Ziegeleien gab es in Lauf bereits seit Jahrhunderten, die Tonvorkommen der Umgebung boten dafür günstige Voraussetzungen. Es waren Handwerksbetriebe, doch aus einem dieser bodenständigen Hafnerwerkstätten sollte sich eine der bedeutendsten Fabriken Laufs entwickeln: 1834 erhielt Georg Bankel die Konzession als Hafnermeister. Aus bescheidenen Anfängen entwickelte sich die Fabrikation von Ofenkacheln, die der Sohn Christoph seit 1889 in der Meisenbachstraße in größerem Umfang fortführte. Die Firma erwarb eigene Tongruben in Speikern, Bullach und Großbellhofen, 1896 wurden bereits täglich bis zu 600 Kacheln in Tunnelöfen gebrannt und dann glasiert. Modelleute gestalteten die Formen nach den entsprechenden Stilvorstellungen.

Gegen Ende des 19. Jahrhunderts expandierte der Betrieb immer schneller, 1900 wurden bereits 200 Personen beschäftigt, die Zahl stieg bis 1910 auf 380.

Zur Firma gehörte auch ein Lagerplatz am Eichenhain, der 1897 mittels einer hölzernen „Privatbrücke“ mit Rollbahn an den Stammbetrieb angeschlossen wurde. Bereits 1902 entstand an gleicher Stelle ein neuer, zweigleisiger Übergang, die „Bankelsbrücke“. Die 420 m lange Holzkonstruktion mit 9m hohen Pfeilern überspannte den Pegnitzgrund und trug Rollwagen mit 1200 kg Ladegewicht. An der linken Bahnstrecke wurde außerdem ein Gleisanschluss geschaffen. Schließlich entstand auf dem bisherigen Lagerplatz 1904 ein zweites Werk, in dem Wandplatten gefertigt wurden. Die Firma Bankel trat 1906 im Rahmen der Bayerischen Landesausstellung als größte Ofenfabrik Süddeutschlands auf und wurde mehrfach bei Messen ausgezeichnet. Sie war der erste große Industriebetrieb der Stadt und machte Lauf weithin bekannt.

Ein weitaus kleinerer, aber nicht unbedeutender keramischer Betrieb war die Porzellan- und Terracotten-Fabrik, die der aus Thüringen stammende Fritz Krug 1901 verkehrsgünstig südlich der Ostbahn errichtete. Zusammen mit den Firmen Döring und Bankel, später auch BEZEG, entstand somit im südöstlichen Bereich der Stadt ein wichtiger industrieller Schwerpunkt. Die Firma Krug widmete sich in der Anfangszeit vorwiegend der Fabrikation von Figuren, Gefäßen und Grabsteinschmuck, später wurde das Angebot auf Puppengeschirr, Vasen und Kunstgegenstände ausgedehnt.

Die Entwicklung der Firmen Döring, Bankel und Krug ist beispielhaft für eine Reihe weiterer Industriebetriebe, die seit dem späten 19. Jahrhundert entstanden. Zu erwähnen wären noch die Ventilkegelfabrik Dietz & Pfriem, eröffnet 1911, oder die seit 1895 bestehende Korksteinfabrik C. und E. Mahla, doch gehört die Blütezeit dieser Unternehmen in einen späteren Zeitabschnitt der Stadtgeschichte.

Ein weiterer, nach wie vor bedeutender und mit dem Namen Laufs eng verbundener Industriebereich hat sich im frühen 20. Jahrhundert entwickelt: Die Steatit-Verarbeitung, die technische Keramik. Aus Ton, Feldspat und Specksteinmehl entsteht Steatit, wie dieser Werkstoff seit 1901 genannt wird. Er erlebte einen schnellen Aufschwung als hervorragender Isolierstoff im Elektrobereich.

In einem bescheidenen Gebäude im Stadtteil links der Pegnitz gründete Oskar Sembach 1904 die Firma „Speckstein-Steatit-Gesellschaft m.b.H.“. Sie war die „Urmutter“ der Laufer Steatit-Fabriken. Werke wie Döbrich & Heckel, Steatit Magnesia oder Stettner, Namen, die noch heute trotz vieler Veränderungen Klang und Bedeutung haben, lassen sich in ihren Ursprüngen auf Oskar Sembach und seinen Partner Peter Molzberger zurückführen.

Die noch heute bestehende Firma Sembach und der 1911 von Peter Molzberger, Bernhard Döbrich und Wolfgang Heckel gegründete Betrieb in der Nähe des Schlachthofs gehören zu den ältesten und noch heute produzierenden keramischen Betrieben der Stadt. Man begann mit der serienweisen Produktion von gepressten Specksteinringen für Gasglühlichter und elektrotechnischen Isolatoren aus hartem Steatit. Die große Zeit dieser Industrie brach erst nach dem Ersten Weltkrieg an und ließ Lauf zu einem heute weltweit bekannten Standort technischer Keramik werden.

Die Arbeiterstadt

Im Jahr 1900 zählte Lauf 4085 Einwohner, gut 25% mehr als 1871, in den Industrie- und Handwerksbetrieben waren 1907 allein 1343 Personen beschäftigt. Der Wandel zur Industriestadt hatte somit auch Auswirkungen auf die Bevölkerungsstruktur.

In dem bereits erwähnten Bericht des Bürgermeisters Conrad Gramp über die Ereignisse der bürgerlichen Revolution 1848 findet sich auch eine Schilderung des damaligen Arbeitsmarktes in der Stadt: „Arbeitskräfte sind mehr vorhanden als Arbeitsgelegenheit. Handel treibt die Stadt, nimmt man ein paar Hopfenhändler aus, fast keinen, die Gewerbserzeugnisse sind zumeist auf den Ort beschränkt und haben daher wenig Absatz, der Gewinn aus den Fabriken aber geht in die Stadt Nürnberg, wo die Fabrikbesitzer wohnen, und der Lohn für den Feldbau ist, weil er vom Hopfenpreis abhängt, ein sehr ungewisser. Es ist daher die vorhandene Arbeit als eine kärgliche zu bezeichen“.

In der Tat waren die Betriebe an den Pegnitzwehren, abgesehen von den Mühlen und einigen Hammerwer-

Annonce für Auswanderer des Agenten Konrad Toussaint aus Lauf im Hersbruck-Laufer Wochenblatt vom 10. März 1866 (Stadtarchiv Lauf)

ken, zumeist in der Hand auswärtiger, vorwiegend Nürnberger Besitzer: Zeltner, Mahla, Daumer, Gebhardt, Hartmann u. a. So war es bereits seit dem Mittelalter gewesen, als Nürnberger Kaufleute und Patrizier Werke zu beiden Seiten der Pegnitz erworben hatten.

Der Mangel an Arbeitsmöglichkeiten war nicht nur in Lauf ein Problem, er galt weithin in Deutschland. Eine Möglichkeit, neue Perspektiven zu gewinnen, war die Abwanderung in andere Teile Deutschlands oder das Auswandern in die Neue Welt, nach Nordamerika. Erste Auswanderungen aus Lauf sind bereits für das Jahr 1836 nachweisbar mit steigender Tendenz, solche Wanderungsbewegungen waren auch nach den beiden Weltkriegen wieder zu beobachten.

Das Arbeitsplatzangebot in Lauf verbesserte sich gegen Ende des 19. Jahrhunderts zusehends. Die beiden Bahnanschlüsse und die Einführung der sogenannten „Vorortzüge“, ähnlich dem heutigen Öffentlichen Personen-Nahverkehr, boten nun die Möglichkeit, im nahen Nürnberg einer Arbeit nachzugehen. Es entwickelte sich der mittelfränkische Ballungsraum, in dessen Sog auch Lauf einbezogen wurde.

Zum andern entstanden, wie bereits geschildert, in Lauf selbst Industriebetriebe, die auf Arbeitskräfte in großer Zahl angewiesen waren. Bald reichte das örtliche Potential nicht mehr aus, die Landbevölkerung drängte in die Stadt oder machte sich Tag für Tag aus benachbarten Orten wie Wetzendorf, Heuchling oder Schönberg auf den Weg in die Fabriken. Die gesetzlich erleichterte Freizügigkeit ermöglichte die Ansiedlung von Arbeitskräften aus dem bäuerlich geprägten Umland benachbarter, altnürnbergischer Ämter, besonders stark aus der Gegend von Altdorf und Betzenstein. Sie kamen aber auch von weit her aus Gegenden, die unter besonders ungünstigen wirtschaftlichen Verhältnissen zu leiden hatten, aus dem Bayerischen Wald, dem Böhmerwald, aus der Oberpfalz, Oberfranken und Thüringen. Die beiden Bahnlinien mit dem Anschluss nach Osten und Norden begünstigten das Bevölkerungswachstum. Nur so konnte Lauf, ähnlich wie Nürnberg und in besonders beeindruckender Weise Röthenbach, seinen Bedarf an Arbeitskräften decken. Die Einwohnerzahl stieg an, besonders deutlich in den Jahren 1900 bis 1905, als eine

Richtfest der katholischen Kirche St. Otto, 1903
(Stadtarchiv Lauf)

Steigerungsrate von nicht weniger als 21% zu verzeichnen war. 1919 zählte die Stadt 5946 Einwohner, 1809 waren es erst 2085 gewesen!

Die starke Zunahme der Bevölkerung ergab für Lauf umfangreiche Folgeerscheinungen und Probleme, die es in vielfältiger Weise zu lösen galt. Was ab der zweiten Hälfte des 19. Jahrhunderts in Lauf neu entstand, angeregt und geschaffen wurde, war nicht zuletzt eine Antwort auf die Bevölkerungsentwicklung.

Eine entscheidende Veränderung erbrachte der Zuzug von Arbeitskräften vor allem in der konfessionellen Prägung. Über Jahrhunderte war Lauf eine geschlossen lutherische Stadt gewesen. Die Reichsstadt Nürnberg hatte seit der Reformation streng auf die alleinige Anerkennung der lutherischen Konfession geachtet. Trotz der seit dem Übergang an Bayern herrschenden Religionsfreiheit zählte man in Lauf 1840 neben 3035 Protestanten nur 88 Katholiken. Die religiöse Betreuung war seit 1815 der Pfarrei Neunkirchen am Sand übertragen, die ja bereits im Mittelalter Muttergemeinde der Laufer Christen gewesen war.

Mit dem wachsenden Zustrom von Arbeiterfamilien in der 2. Hälfte des 19. Jahrhunderts nahm auch die Zahl der katholischen Einwohner kontinuierlich zu. 1852 waren es 180, 1875 261, 1900 747 und 1910 929. Die katholische Gemeinde Neunkirchen verfügte anfäng-

Arbeiterhäuser in den Hämmern, 1915
(Stadtarchiv Lauf)

lich in Lauf über keinerlei Einrichtungen. Erst 1884 wurde der katholische Religionsunterricht eingeführt, 1889 bildete sich schließlich ein Kirchenbauverein, an dessen Spitze Pfarrer Georg Wagner aus Neunkirchen, der königliche Amtsrichter Karl Sauer, der spätere Bürgermeister Hans Schmidt und der Kunstgärtner Georg Saalig standen. Nach Plänen des Bezirksbaumeisters Johann Baptist Füßl aus Hersbruck entstand auf dem ehemaligen Schießstattfeld nahe der Bahnstation links der Pegnitz ein dem Bamberger Bistumspatron St. Otto geweihtes Gotteshaus im neuromanischen Stil, das am 4. Oktober 1903 geweiht werden konnte. Mit seinem hochragenden Turm bereicherte St. Otto die alte Silhouette der Stadt Lauf a.d.Pegnitz und bildete den baulichen Schwerpunkt des wachsenden Stadtteils auf dem linken Pegnitzufer.

In der aufstrebenden Industrie wurden Arbeitskräfte gebraucht, aber es waren natürlich Menschen mit ihren Bedürfnissen, mit ihren Familien, mit ihren Sorgen und Nöten. Der Laufer Landgerichtsarzt Dr. Obereder und der hier praktizierende Arzt Dr. Gottschalk schreiben in ihrem 1858 verfassten Physikatsbericht für den Landgerichtsbezirk Lauf: „Der Fabrikarbeiter ... lebt von der Hand zum Mund und sobald er oder seine Familie erkrankt, fällt er der Armenpflege anheim ... Die Besitzer der Fabriken leben in großen Städten und

Wähler des Wahlkreises Fürth-Erlangen-Hersbruck-Lauf-Cadolzburg.

Euer Wahlrecht ist in Gefahr!!

Schirmt und schützet es durch die Wahl eines **absolut zuverlässigen** Vertreters. Wählt Mann für Mann den Landtagsabgeordneten

Martin Segitz.

Segitz ist der beste Kenner unseres Wahlkreises. Allen Rat- und Unterstützungs-Suchenden steht er seit vielen Jahren tatkräftig zur Seite und er wird dieses Werk fortsetzen.

Segitz ist der **geeignetste** und **berufenste Vertreter der Arbeiter, Handwerker, Kleinbauern; des schaffenden Volkes überhaupt!**

Wählt rechtzeitig!
Wählt sozialdemokratisch!

Laßt Euch von dem liberalen Kartell nicht überrumpeln!

Das sozialdemokratische Wahlkomitee.

Wahlaufruf der Sozialdemokraten zur Reichstagswahl im Laufer Wochenblatt vom 2. Februar 1907 (Stadtarchiv Lauf)

kümmern sich wenig um ihre Arbeiter, nützen ihre Kräfte aus und überlassen ihre Pflege Anderen".

Diese kritischen Worte aus der Mitte des 19. Jahrhunderts hatten auch später noch ihre Berechtigung, ja sogar noch in größerem Maße, da die Lebensverhältnisse der Arbeiterschaft mit dem Aufschwung der Gründerzeit nicht Schritt hielten.

Die sozialen Unterschiede traten auch in Lauf deutlich hervor, ja, sie wurden bereits in früheren Jahrhunderten deutlich zwischen den Ackerbürgern in der Altstadt und den „Rußigen" draußen in den Vorstädten. Die Wohnquartiere dort hatten sich kaum geändert, aber nun bestimmten die Maschinen der Fabriken den Alltag. Arbeitszeitbegrenzung, freie Tage, Urlaub, Lohnfortzahlung im Krankheitsfall, das und vieles mehr musste erst mühsam erkämpft werden. Anzeichen solchen Kampfes findet man in Lauf immer wieder, vor allem in den großen Firmen wie der Ofenfabrik Bankel oder bei Ravené und Bernstil, einem Vorläufer der späteren Stemag. Niedere Löhne führen zu Arbeitsniederlegungen. Streiks und Aussperrungen sind gerade in der Zeit zwischen der Jahrhundertwende und dem Ersten Weltkrieg keine Seltenheit. 1913 gelingt es, in der Laufer keramischen Industrie einen neuen Tarifvertrag durchzusetzen. Seine Errungenschaften waren $52^3/_4$ Stunden Wochenarbeitszeit, Mindeststundenlohn 36 Pfennige, für Überstunden und Sonntagsarbeit ein stündlicher Zuschlag von fünf Pfennigen.
Ein Pfund Schweinefleisch kostete damals in Lauf immerhin 65 Pfennige!

Aus der Erkenntnis heraus, dass man nur gemeinsam etwas bewegen kann, ergaben sich auch in Lauf Neugründungen von Organisationen, die sich der Arbeiterschaft verpflichtet wussten.

1898 wurde in der Heindel'schen Gastwirtschaft in der Johannisstraße die Sozialdemokratische Partei, Ortsverein Lauf, gegründet. Sie entwickelte sich hier aus kleinsten und von der Obrigkeit argwöhnisch beobachteten Anfängen. An der Maifeier 1898 nahmen rund 40 Mitglieder und Sympathisanten der Partei teil, aber auch zwei Gendarmen, die sich ihre Notizen machten.

Die Arbeiterschaft bestimmte zunehmend das Wahlergebnis in Lauf. Bei der Reichstagswahl 1907 gaben 540 Wahlberechtigte ihre Stimme

Statuten

des

katholischen

Arbeiter-Vereins

zu

Lauf.

Druck von Heinrich Bachmann in Lauf.

Titelblatt der Satzung des katholischen Arbeitervereins Lauf, 1901 (Stadtarchiv Lauf)

für den sozialdemokratischen Kandidaten Segitz ab, während der bürgerlich-liberale Bewerber nur 474 Stimmen erhielt, ein Ergebnis, das freilich in Röthenbach noch weitaus deutlicher ausfiel, während in den bäuerlich geprägten Nachbarorten Ottensoos, Günthersbühl oder Simonshofen die bürgerlichen Stimmen eindeutig überwogen, ebenso wie in Hersbruck, in dem die Sozialdemokratie nicht einmal die Hälfte der Stimmen des bürgerlichen Kandidaten erzielte.

Vor dem Hintergrund neuerlicher Lohnstreitigkeiten in der Ofenfabrik Bankel bildete sich 1904 das Gewerkschaftskartell Lauf als wichtige Stütze für die Interessen der Arbeiter. Im Gegensatz zum Bürgertum und seinen Gesellschafts- und Vereinsformen entwickelte sich nun auch in Lauf eine eigene Kultur von Arbeitervereinen. 1898 entstand der **Arbeitergesangverein „Vorwärts“** in seinem Gründungslokal „Wilder Mann“ am Marktplatz. Seine Mitglieder rekrutierten sich ursprünglich sehr stark aus der Belegschaft der Ofenfabrik Bankel. Fünf Jahrzehnte wurde der Verein, der seit 1912 als gemischter Chor auftrat, von dem Uhrmachermeister Oskar Eckert geleitet.

Im kirchlichen Bereich entstanden 1901 der **katholische** und 1902 der **evangelische Arbeiterverein**, 1906 der **katholische Arbeiterinnenverein**. In den Satzungen finden sich als Vereinsziele genannt: Förderung der Religiosität und Sittlichkeit, Weckung des Standesbewusstseins, soziale Hebung des Arbeiterstandes.

In ähnlicher Form bildeten sich mehrere Arbeiterhilfs- und bildungsvereine sowie berufsorientierte Vereinigungen wie der 1891 entstandene **Fachverein der Töpfer**. Zu einer bedeutenden Hilfseinrichtung, die heute sogar den Sitz ihres Landesverbandes in Lauf hat, wurde der 1911 im Gewerkschaftshaus gegründete Ortsverband des Arbeiter-Samariter-Bundes.

1903 entstand als Pendant zum bürgerlichen Turnverein der **Arbeiterturnverein Lauf**, der im Weißen Ross am Markt das Licht der Laufer Sportwelt erblickte und 1909 bereits 224 Mitglieder zählte. In seiner Tradition steht heute der TSV Lauf. Eine wichtige Hilfe für das tägliche Leben stellte der **Konsum-Verein** dar, der am Maifeiertag 1901 seinen ersten Laden in Lauf eröffnete. Der im gesamten Reich verbreitete Gedanke des Konsumvereins beruhte auf dem Grundgedanken, für die

Ehemalige Arbeiterwohnhäuser der Ofenfabrik Bankel in der Eichenhainstraße. Aufnahme 1992 (Stadtarchiv Lauf)

Mitglieder Waren in großer Menge preisgünstig einzukaufen und mit mäßigem Aufschlag an die Genossen weiterzugeben.

Es gab durchaus Fabrikherren, die in besonderer Weise für ihre Belegschaft Sorge trugen. Dies gilt gerade für Firmen, deren Eigentümer in Lauf selbst wohnten und somit in vielfältiger Weise am öffentlichen Leben Anteil nahmen. Die Firmen Döring und Bankel errichteten günstige Wohnungen für ihre Arbeiterfamilien. Die noch heute erhaltenen Bankelshäuser in der Eichenhainstraße gehören zu den frühesten Beispielen der Siedlungsbauweise in Lauf. Bereits 1903 gab es in der Ofenfabrik eine Werkskantine, am 1. Januar 1911 gründete die Firma eine eigene Betriebskrankenkasse, der 440 Personen angehörten.

Das Problem, für die vielen Industriebeschäftigten und ihre Familien Wohnraum zu schaffen, sollte die Stadt Lauf noch über Jahrzehnte beschäftigen, das Ent-

Das Arbeiterwohnheim in der Hermannstraße, später als Erholungsheim, Zollschule und Ämtergebäude genutzt, Aufnahme um 1920 (Stadtarchiv Lauf)

Gruppenbild der Freiwilligen Sanitätskolonne Lauf, 1915
(Stadtarchiv Lauf)

stehen der Stammarbeitersiedlung oder die Wohnbebauung an der äußeren Altdorfer Straße sind Beispiele dafür aus der Zeit nach dem Ersten Weltkrieg. Besonders schlecht waren die sogenannten „Schlafgänger“ untergebracht, unverheiratete Jungarbeiter, die mit Dachkammern und Verschlägen vorlieb nehmen mussten. Es ist zu verstehen, dass viele Arbeiter nach der Lohnauszahlung nicht in ihre triste Unterkunft zurückkehrten, sondern ihr sauer verdientes Geld im nächsten Wirtshaus in geselliger Runde vertranken. Der Stadtmagistrat kannte das Problem, aber er sah sich nicht in der Lage, schnell Abhilfe zu schaffen.

Hier sprangen zwei angesehene Männer mit einer bemerkenswerten Privatinitiative ein, die Vettern August Barth und Richard Weigmann, beide beteiligt an der Hopfenhandlung Barth & Weigmann und vielseitig sozial, kirchlich und berufsständisch engagiert. Zusammen mit dem Bankvorstand Ernst Arnold gründeten sie eine Gesellschaft und eröffneten am 1. Juni 1907 das Arbeiterheim Lauf. Das stattliche Haus an der Hermannstraße bot 29 jungen Arbeitern und Lehrlingen günstige und ordentliche Unterkunft. Die Betreuung oblag einem Diakon und seiner Frau, eine Reihe ansprechender Gemeinschaftsräume und ein Saal für 200 Personen standen zur Verfügung. Diese soziale Einrichtung, ein wahres Geschenk für Lauf und seine Arbeiterbevölkerung, fand hohe Anerkennung durch den Regierungspräsidenten Ludwig Freiherrn von Welser, der das Haus mit seinem Besuch beehrte.

Auch für eine andere Gruppe der Bevölkerung, für die Kinder, konnte eine vorbildliche Einrichtung in Lauf geschaffen werden, die der städtische Rechtsrat Karl Rösler bereits 1833 mit den Worten angeregt hatte: „... wo arme Eltern, wenn sie in die Arbeit gehen oder sonst die kleinen, erst 2 bis 6 Jahre alten Kinder ohne Aufsicht lassen müssen, solche hinbringen können, und wo in diesen ausserdem verwahrlosten Kindern der erste Grund einer guten Zucht und Ordnung gelegt werden soll“. 1850 konnte der erste und noch heute erfolgreich wirkende Kindergarten der Stadt, die Kinderschule, auf Initiative der Fuhrmannswitwe Anna Diez und mit späterer finanzieller Unterstützung durch den aus Lauf stammenden Nürnberger Stiftungsverwalter Friedrich Eckert eröffnet werden. 1912 zog die von Neuendettelsauer Diakonissen geführte „Kleinkinderbewahranstalt“ in ein neues, geräumiges Gebäude im Schatten der Spitalkirche St. Leonhard ein, das ihr noch heute als Heimstätte dient.

Ähnliche segensreiche Initiativen ergriff der von 1883 bis 1895 in Lauf als zweiter Pfarrer wirkende Eduard Stirner, der durch die von Wilhelm Löhe begründete lutherische Erweckungsbewegung geprägt war. Auf seine Anregung hin entstanden in Lauf 1886 ein Waisenhaus und 1887 ein Jugendhort. Während diesen beiden Einrichtungen kein langes Leben beschieden war, konnte sich die dritte Gründung Stirners, der Verein für Gemeindediakonie, als Träger der häuslichen Krankenpflege seit 1892 kontinuierlich entwickeln.

Die sozialen Nöte einer sich schnell entwickelnden, im Umbruch befindlichen Industriestadt wurden also sehr wohl gesehen, und es wurde versucht, Abhilfe da zu schaffen, wo die öffentliche Hand nicht tätig wurde. Zu erwähnen wären noch mehrere Organisationen und Vereine, unter ihnen der von Obermedizinalrat Dr. Josef Schlier ins Leben gerufene Verein zur Bekämpfung der Tuberkulose, damals eine weitverbreitete Krankheit, und vor allem die örtliche Organisation der Freiwilligen Sanitätskolonne des Roten Kreuzes, deren Arbeit hier mit einem 1888 begründeten Zweigfrauenverein und einer Kolonne 1899 einsetzte.

Verlosung der Aussteuerkasse vor dem Rathaus
1894
(Stadtarchiv Lauf)

Ergänzt wurde das Wirken der Vereine und Hilfsorganisationen durch die 1879 von dem Hopfenhändler Johann Friedrich Barth errichtete Wohltätigkeitsstiftung, die sich mit einem Grundkapital von 100.000 Mark der Erziehung und dem Unterhalt armer Kinder und der Unterstützung des Glockengießerspitals verschrieben hatte und noch heute besteht. Sie ist ein Beispiel für zahlreiche weitere soziale Stiftungen Laufer Frauen und Männer des 19. Jahrhunderts. Viele von ihnen überdauerten die Inflationszeit nach dem Ersten Weltkrieg nicht und leben heute nur noch in Straßenbezeichnungen wie Krämerstraße oder Röslergasse fort.

In einer Zeit, in der das soziale Netz auch nicht annähernd so eng geknüpft war wie heute, bedurfte es findiger Ideen, um die Not der untersten Schichten zu bekämpfen. So machte man in Lauf 1850 aus einer fast schon erstarrten Sitte eine Tugend zum Wohle der Armenkasse. Bis dahin hatten Post und Dienerschaft am Neujahrstag die Aufgabe, Glückwunschkarten zum Jahreswechsel zuzustellen. Nun wurde die Regelung eingeführt, diese lästige Glückwunschverpflichtung mit einem Geldbetrag bei der Armenkasse abzulösen. So war man der vielen Glückwünsche enthoben, tat ein gutes Werk und wurde auch noch in der Tagespresse namentlich erwähnt.

Eine weitere soziale Erfindung war die 1891 von dem Stadtkassier Matthäus Wild ins Leben gerufene „Städtische Aussteuerkasse“. Heute würde man diese Einrichtung als Gewinnsparen bezeichnen. Im Volksmund nannte man diese bis 1919 bestehende Institution „Heiratskasse“, denn sie bot ledigen oder verwitweten Frauen und Männern den Anreiz, auch in kleinsten Beträgen anzusparen und dabei womöglich noch bei der alljährlichen Gewinnziehung am Kirchweihmontag Glück zu haben.

Erfordernisse der Neuzeit

Aufblühende Industrie, neue Verkehrsmittel, neue politische Strukturen, schnell zunehmende Einwohnerzahl, soziale Probleme – auch und gerade die Stadt selbst, der Magistrat und das Kollegium der Gemeindebevollmächtigten waren gefordert, die notwendige Infrastruktur zu schaffen, um den schnellen Wandel von der Ackerbürger- zur Industriestadt zu vollziehen.

Während in der ersten Hälfte des 19. Jahrhunderts nur wenig geschah, waren danach in immer kürzeren Abschnitten große Projekte zu verwirklichen. Die gute wirtschaftliche Entwicklung der Gründerzeit trug dazu bei, dass sich Lauf viele moderne und zugleich dringend notwendige Einrichtungen leisten konnte.

Zu den wichtigsten Vorhaben bereits in der Mitte des Jahrhunderts gehörte die Verbesserung der Straßenverhältnisse, und das bedeutete in einer Flussstadt immer auch, dass ausreichend Übergänge vorhanden waren. 1866 schuf man im Bereich der Hämmern einen dringend erforderlichen Fußgängersteg, mit dem Bau einer Brücke „nächst dem Schlachthof“ beschäftigte man sich dann 1913, ihre Verwirklichung blieb allerdings bis 1967 ein langgehegter Wunsch. Wichtigstes Brückenprojekt war jedoch die Neugestaltung der Wasserbrücke in massiver, hochwassersicherer Ausführung. Lange Zeit war dieser Übergang der einzige in der Stadt. Um seine Erneuerung entbrannten seit 1849 heftige Diskussionen. Schließlich gab man dem Bau einer Sandsteinbrücke mit fünf Bögen den Vorzug. Das aufwändige Bauwerk erforderte den Abbruch des Wassertores und verschlang die stattliche Summe von 18.353 Gulden.

Pflasterer waren im 19. Jahrhundert sehr oft in der Stadt tätig, denn es galt, die als „kotig“ beschriebenen Hauptstraßen zu befestigen und teilweise bereits mit

Pflasterer am Oberen Markt, Aufnahme ca. 1890 (Stadtarchiv Lauf)

Fußgängertrottoirs zu versehen. Trotzdem gipfelte die Eingabe eines empörten Bürgers an den Magistrat im Jahr 1900 noch immer in dem Satz: „... tagtäglich kann man das Lob unserer Stadt von den Reisenden und Landleuten in der Tonart hören, dass ein solcher Dreck wie in Lauf auf keinem Dorf zu finden ist“. Dies war wohl doch etwas übertrieben, aber die 180 Misthaufen und Dunggruben in der Altstadt mit der austretenden Odelbrühe waren in der Tat ein zunehmendes Ärgernis. Die 1891 verwirklichte Kanalisierung des Stadtkerns brachte eine entscheidende Verbesserung. Die Pegnitz blieb aber noch lange Zeit der praktischste Ort, um Abwasser und Fäkalien zu entsorgen.

Der Wasserbehälter auf der Urlas wurde 1894 errichtet
(Stadtarchiv Lauf)

Einbau der Schaltanlage für das Elektrizitätswerk, 1899
(Stadtarchiv Lauf)

Pegnitzhochwasser 1909. Blick vom Judenturm auf Wasserbrücke und Schloss
(Stadtarchiv Lauf)

Hochwasser 1909 in der Spitalstraße
(Stadtarchiv Lauf)

Das schnelle Wachstum der Stadt zwang den Magistrat dazu, 1889 mit der Einführung offizieller Straßenbezeichnungen zu beginnen, der die straßenweise Nummerierung der Anwesen, endgültig ab 1911, folgte. Die bisher durchzählenden Hausnummern hatten bereits die 600 weit überschritten und machten es unmöglich, sich zurechtzufinden.

Erfordernisse der modernen Zeit waren auch die Verwirklichung der Hauswasser- und Strom-Versorgung. Die bestehenden öffentlichen oder privaten Zieh- und Pumpbrunnen waren völlig unzureichend angesichts des großen Wasserbedarfs der Industrie und der vielen neuen Haushalte. Nach einem Gutachten der Bayerischen Untersuchungsanstalt für Nahrungs- und Genussmittel in Erlangen aus dem Jahr 1890 besaßen nur 10% der Laufer Brunnen das Prädikat „gutes Trinkwasser", 27% waren „zum Genusse unzulässig". „In der Erkenntnis der Bedürfnisse eines modernen Gemeinwesens und gestützt durch die Einsicht und den Opfersinn einer gewerbsfleißigen Bürgerschaft unter Anspannung aller Kräfte" wurde daher 1889 auf Initiative des Bürgermeisters Ernst Buder ein großes Reformwerk begonnen, das die Kanalisation, die Neupflasterung des Marktplatzes und den Bau der Wasserversorgung umfasste.

Mit dem Erwerb von drei Quellen in den Gemarkungen Simonshofen und Dehnberg begann der Bau der Wasserleitung, die zum Hochreservoir auf der Urlas geführt wurde und von dort die einzelnen Haushalte versorgte. In historisierendem Stil wurde dieser Wasserbehälter als Ausdruck stolzer, bürgerlicher Eigenständigkeit geschaffen. Es war wirklich eine Errungenschaft, die man mit 215.000 Mark bezahlen musste! Bereits 1909 wurden eine Erweiterung und der Bau eines größeren Behälters auf dem Kunigundenberg notwendig.

Nachdem bereits zuvor eine privat betriebene Stromversorgung in geringem Umfang von der Mauermühle aus bestanden hatte, errichtete die Stadt 1899 im früheren Metallhammerwerk Daumer ein Elektrizitätswerk, das in alter Laufer Tradition die Wasserkraft nutzte.

Es war ein besonderes Erlebnis, als im Silvestergottesdienst 1899 der Innenraum der Johanniskirche erstmals von zwei Bogenlampen beleuchtet wurde. Am gleichen Abend endete die alte Tradition des Laternenanzünders, denn die Öllaternen waren durch elektrische Straßenbeleuchtung ersetzt worden. Humorvoll dichtete man:

„Lauf ist eine schöne Stadt,
weil's die Wasserleitung hat,
und jetzt kommt's elektrisch Licht,
dass man seine Schulden sicht!"

Es gab allerdings neben allem Fortschritt auch Ereignisse in der Stadtgeschichte, die den Menschen die Gewalt der Naturelemente warnend vor Augen führten. 1851 entstand ein Brand in der Hartmannschen Fabrik am vierten Wehr, 1869 das verheerende Großfeuer am Marktplatz, das fünf Anwesen an der Nordseite zerstörte, 1909 das furchtbare Pegnitzhochwasser, das in Lauf im Unterschied zu Nürnberg glücklicherweise nur Sach- und Gebäudeschäden verursachte, 1915 schließlich der Brand der Mauermühle, die danach nicht mehr aufgebaut wurde.

August Barth (1869-1918)

Neues Bauen

Die Verbesserung der schulischen Bildung war dem Stadtmagistrat ein besonderes Anliegen. Verdiente Pädagogen wie Ernst Julius Dasch, Leonhard Bertlein oder Daniel Schönleben trugen dazu bei. Mit dem Bau eines neuen Schulhauses in der Nürnberger Straße konnten die äußeren Voraussetzungen geschaffen werden. Das dreiflügelige Gebäude wurde 1856 in dankbarer Erinnerung an den Übergang Laufs an das Königreich Bayern 50 Jahre zuvor eingeweiht. Schon bald reichte der Neubau nicht mehr aus, ein zweites Obergeschoss wurde aufgesetzt, 1903 erfolgte ein zweiter Schulhausbau. 1888 konnte eine Fortbildungsschule, die Vorform der späteren Berufsschule, eröffnet werden.

Zum Bereich des Gesundheitswesens zählen der 1905 eröffnete Stadtfriedhof links der Pegnitz, der den längst zu klein gewordenen Salvatorfriedhof ablöste, und die Eröffnung des Distriktskrankenhauses am Galgenbühl 1903. Erstmals verfügte Lauf über ein leistungsfähiges, modernes Krankenhaus. Der Gesundheitspflege dienten nun auch ein Flussbad an der Pegnitz und ein Wannenbad.

Eine „Forderung der Neuzeit“ war auch der 1912 eröffnete städtische Schlachthof, der bis 1993 bestand. Auf dem Gelände der ehemaligen Gelatinefabrik Meisel entstand der nach Plänen des Stuttgarter Architekten Josef Hennings gestaltete Baukomplex mit einem Kostenaufwand von 158.320 Mark. Bereits 1914 wurden hier 4941 Schlachtungen vorgenommen.

Die positive Entwicklung, die Lauf also um die Jahrhundertwende auch im öffentlichen Bereich genommen hat, war vor allem dem Engagement von zwei Persönlichkeiten zu danken, dem bereits erwähnten Hopfenhändler August Barth, Vorsteher des Gemeindekollegiums und Ehrenbürger der Stadt, und Gottlieb Eckert, Bürgermeister von 1896 bis 1919. Beide brachten Lauf auf den Weg in das moderne Industriezeitalter.

Die von der Industrie bestimmte Entwicklung des Amtsgerichtsbezirks Lauf, zu dem ja auch das Industriezentrum Röthenbach gehörte,

Gottlieb Eckert (1844-1920)

prägte die Region ganz unterschiedlich von dem eher agrarisch strukturierten Hersbrucker Raum. Der Sitz der Bezirksverwaltung, heute Landratsamt genannt, war aber in Hersbruck. Mit dem Argument, dass die Industrie- und Gewerbebetriebe in Lauf und Umgebung einer besonderen Förderung und bürgernahen Verwaltung bedürften, richtete der Stadtmagistrat unter Führung von Bürgermeister Eckert seit 1901 vier Gesuche an das Staatsministerium des Innern, um die Errichtung eines eigenen Bezirksamtes für den Amtsgerichtsbezirk Lauf zu erreichen. 1908 hatten diese Bemühungen endlich Erfolg, und am 16. Oktober wurde im Saal des Gasthofs „Weißes Ross“ der aus Speyer berufene königliche Regierungsassessor Gustav Haack zum ersten Bezirksamtmann für Lauf und die übrigen 38 Gemeinden des Bezirks eingesetzt. Mit einem „begeistert aufgenommenen Hoch“ sandte man Dankadressen an den Prinzregenten, den Staatsminister von Brettreich und den Regierungspräsidenten von Welser. Ein repräsentatives Amtsgebäude konnte 1909 in der Urlasstraße eröffnet werden. Endlich war Lauf und seinen Umlandgemeinden ein langersehnter Wunsch erfüllt worden. Die Stadt blieb bis heute ununterbrochen Sitz einer Kreisbehörde.

Das vornehme Neurenaissancegebäude musste allerdings 1964 einem nüchternen Zweckbau weichen, der heute als Rathaus dient.

Die Erwähnung der vielen neuen Einrichtungen und Gebäude zeigt deutlich, dass sich Lauf seit dem 19. Jahrhundert auch städtebaulich stark verändert hat. Die nun serienmäßig betriebene Herstellung von Ziegelsteinen in den heimischen Ziegeleien verdrängte die traditionelle Sandsteinbauweise allerdings nur teilweise. Industriebauten mit klar gegliederten Fassaden und großen Fensteröffnungen prägten das Stadtbild nun ebenso wie die neuen öffentlichen Gebäude. Neben den rein funktionellen Fabrikanlagen schufen sich die Fabrikherren, Mühlenbesitzer und Hopfenhändler großzügige Villen in historisierenden Stilformen, umgeben von weitläufigen Parkanlagen. Bestimmend für die Silhouette der Stadt wurden jedoch die rauchenden Fabrikschlöte, Symbole der Industrialisierung, aber auch immer wieder Anstoß zu Klagen wegen der zunehmenden Luftverschmutzung, besonders im Fall der Firma Mahla, die in enger Nachbarschaft zur Wohnbebauung angesie-

Im Laufer Schlachthof, ca. 1913
(Stadtarchiv Lauf

delt war. Wegen Lärm, „bestialischen Ausdünstungen“ und auf Obstbäume und Gemüsegärten niederfallenden Rußpartikeln gingen viele Beschwerden aus der Bevölkerung ein.

Das Bezirksamt an der Urlasstraße, hoch über den Gleisanlagen des Bahnhofs rechts der Pegnitz, ca. 1912
(Stadtarchiv Lauf)

Spätzeit der königlichen Stadt

Obwohl Industriestadt, bemühte sich Lauf um die Pflege seines Ortsbildes. Hier tat sich vor allem der 1885 gegründete **Verschönerungsverein** durch die Anlage von Wegen und durch Baumpflanzungen hervor. Lauf wurde am Ende des 19. Jahrhunderts für die Nürnberger, die am Sonntag hinaus aus ihren Mauern wollten, ein Ausflugsort und mit seinen beiden Bahnstationen Ausgangspunkt für Wanderungen auf die Ludwigshöhe, nach dem aussichtsreichen Günthersbühl, nach Nuschelberg und zum Moritzberg. Beliebte Einkehrorte waren das 1906 eröffnete, hoch über dem Stauweiher des Bitterbachs gelegene Kurhaus in der Eschenauer Straße oder der seit 1899 bestehende Kunigundenkeller auf der Urlas, der von der Nähe zum Bahnhof ebenso profitierte wie von seinem schattigen Biergarten.

Gewaltigen Zulauf, der nur mit Sonderzügen bewältigt werden konnte, erlebte Lauf alljährlich zu seinem Kunigundenfest, das unter der Regie des Leh-

Kurhaus am Bitterbach, ca. 1910
(Stadtarchiv Lauf)

Gruß vom Kunigundenfest.
Festpostkarte aus dem Jahr1903
(Stadtarchiv Lauf)

rers Daniel Schönleben (1860-1945) eine vielfältige Ausgestaltung mit Festwagen und Schülerspielmannszug erfuhr. Dieses althergebrachte Fest bedeutete den Laufern so viel, dass sie nach der Brandzerstörung der Kunigundenkapelle, der Tat eines Geisteskranken, das Kirchlein 1912 wieder aufbauten und dazu über die Konfessionsgrenzen hinweg ihren Beitrag leisteten.

Über das sich entwickelnde gesellschaftliche Leben, über politische und lokale Ereignisse unterrichtete seit 1881 erstmals ein eigenes örtliches Presseorgan, das „Laufer Wochenblatt“, später, als es fast täglich herauskam, in „Laufer Tagblatt“ umbenannt. Hier war auch die Möglichkeit gegeben, auf das vielfältige Angebot der zahlreichen Vereine hinzuweisen und von ihren Veranstaltungen, „musikalischen Produktionen“, Theateraufführungen und „Kränzchen“ zu berichten. Gerade um die Jahrhundertwende entstanden zahlreiche neue Vereine: Militär- und Veteranenvereine, der 1890 gegründete Obst- und Gartenbauverein, Geselligkeitsvereine wie der Schmarrer-Verein oder die Fidelitas. Ein wichtiges Beispiel für kirchliche Vereinsgründungen ist der 1898 entstandene Evangelische Jünglings-Verein Lauf, heute als Christlicher Verein junger Menschen bekannt. Auch im sportlichen Bereich waren weitere Gründungen zu verzeichnen, darunter der 1904 entstandene Fußballklub Bitterbach (jetzt Sportklub Lauf), der sich dem Ballsport bis hin zum Tennis besonders verpflichtet wusste.

Diese Vereinsgründungen waren Ausdruck ihrer Zeit, einer Epoche, die nun auch das Wort Freizeit kannte, ein Begriff, der bisher nur den Oberschichten geläufig war, nun aber mehr und mehr Allgemeingut wurde. Das Leben erfüllte sich nicht mehr nur in Arbeit und Familie, sondern auch in geselligen, sportlichen und gemeinsinnigen Betätigungen.

Begrüßung des Prinzen Ludwig von Bayern vor dem Schulhaus in der Nürnberger Straße am 5. Juli 1910 (Stadtarchiv Lauf)

Zu einem äußerlichen Höhepunkt dieser später so verklärten „guten, alten Zeit" gestaltete sich der 5. Juli 1910, als Seine Königliche Hoheit Prinz Ludwig von Bayern, der nachmalige letzte König Ludwig III., am Dienstag nach dem Kunigundenfest die königliche Stadt Lauf mit ihrem Besuch beehrte. In der ohnehin festlich geschmückten Stadt erwartete eine große Menschenmenge die Automobilkolonne mit dem hohen Gast, der von Bürgermeister Eckert willkommengeheißen wurde. Große Begeisterung erfüllte die Stadt. Wer konnte ahnen, dass der hochgeschätzte Besucher nicht einmal zehn Jahre später die Königskrone des Hauses Wittelsbach für immer ablegen sollte?

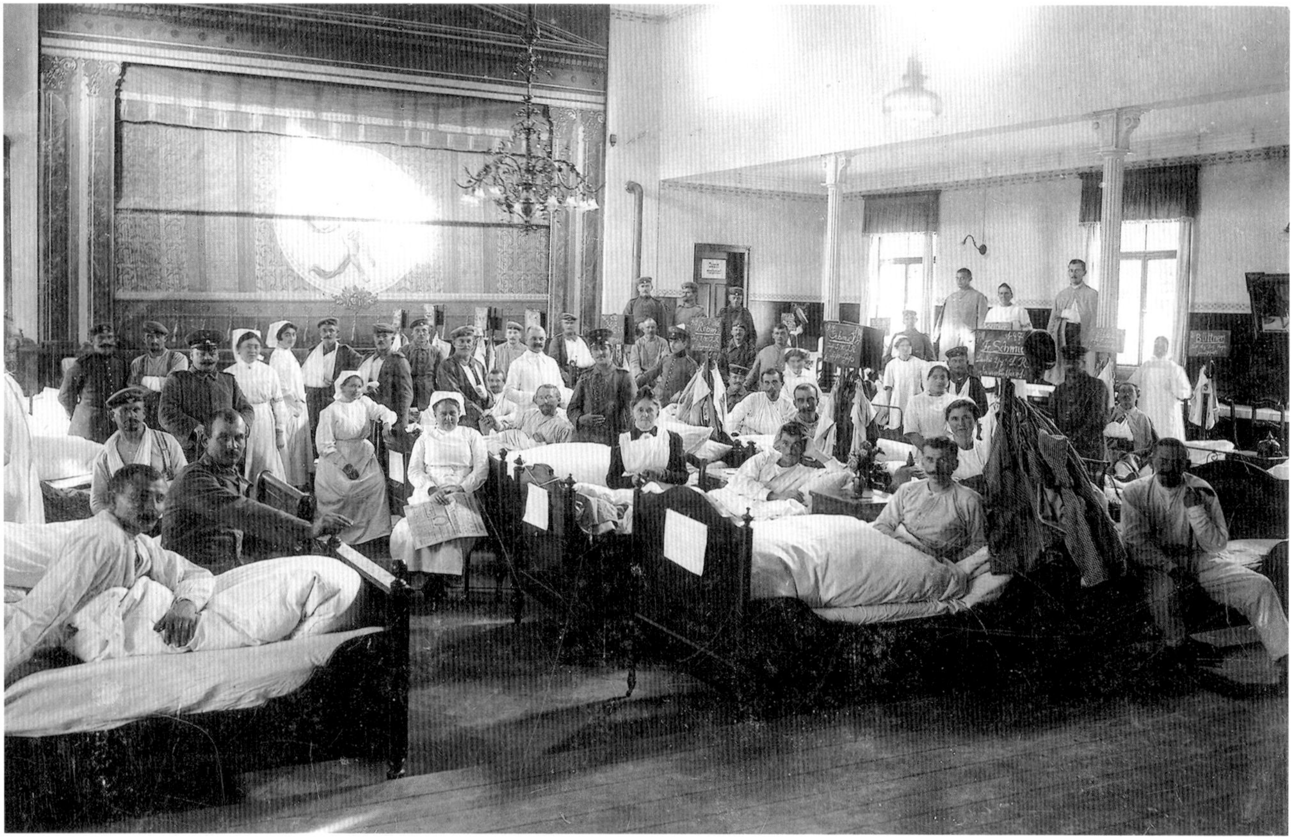

Obstkern-Sammlung.

Auch im heurigen Jahre soll wieder eine **Obstkernsammlung** vorgenommen werden. In der Hauptsache wird es Sache unserer Schuljugend sein, alle Stein-Obstkerne, abgesehen von Pfirsichen, zu sammeln. Die Herrn Lehrer und Fräulein Lehrerinnen haben sich bereit erklärt, dieselben in gut gereinigtem Zustand in Empfang zu nehmen und die dafür festgesetzte Summe auszubezahlen. Die Hauptsammelstelle befindet sich im ehemaligen Jugendhortlokal (altes Schulhaus, unten rechts.) In diesem wird jeden **Montag von 4 bis 5 Uhr** eine Dame anwesend sein, um gesammelte Kerne von auswärts in Empfang zu nehmen.

Die ganze Bevölkerung wird gebeten, diese Sammlung zu vaterländischen Zwecken nach Möglichkeit zu fördern und keinen Obstkern achtlos beiseite zu werfen.

Das Bezirkssammelkomitee:
Frauenverein vom Roten Kreuz.
Sophie Mendlinger.

Krankenbetten vor der Bühne. Lazarett im Gewerkschaftshaus, 1914 (Stadtarchiv Lauf)

Aufruf des Frauenvereins vom Roten Kreuz zur Obstkernsammlung. Anzeige im Laufer Wochen blatt vom 13.7.1917 (Stadtarchiv Lauf)

Der Ausbruch des Ersten Weltkrieges trifft Lauf wie ein Paukenschlag. Anfängliche Euphorie in Erinnerung an den Krieg von 1870/71 macht bald einer besorgten Sammeltätigkeit Platz. Alles wird gebraucht, was man sich nur denken kann: Gold gibt man für Eisen, ebenso Zinn, Obstkerne, Frauenhaar, es wird zur Zeichnung von Kriegsanleihen aufgerufen.

Während der Fabrikbesitzer Georg Bankel in seiner Funktion als Ehrenschützenmeister der Königlich Privilegierten Schützengesellschaft mit einer Donnerkanone von der „Bankelsbrücke“ Einzelsiege der Stadt verkündet und die Glocken der Johanniskirche zum Siegesgeläut einsetzen, werden in St. Otto zwei der drei Glocken zu Rüstungszwecken abgenommen. Die verbliebenen Glocken der Stadt rufen auch zu den Kriegsbetstunden und zum Gedenken der schließlich 256 Gefallenen.

Im Gewerkschaftshaus am linken Bahnhof und im Arbeiterheim in der Hermannstraße werden bereits 1914 Lazarette zur Versorgung von Verwundeten eingerichtet. Der Laufer Frauenverein vom Roten Kreuz unter Führung der Frau Stadtpfarrer Sofie Blendinger und finanziell unterstützt von Kommerzienrat Richard Weigmann, widmet sich der Pflege der Soldaten, zusammen mit den örtlichen Ärzten Sanitätsrat Dr. Reichold, Dr. Steinel und Obermedizinalrat Dr. Schlier.

Mit dem bitteren Ende des Krieges endet auch die Tätigkeit des Magistrats einer königlich-bayerischen Stadt Lauf, es regiert der Arbeiter- und Soldatenrat. Eine neue, gewiss nicht einfachere Zeit bricht an, ein unruhiges Zwischenspiel, bevor eine Diktatur und ein zweiter, noch größerer Weltkrieg auch die Laufer Verhältnisse völlig verändern.

***

Im Rückblick auf über ein Jahrhundert Stadtgeschichte wird deutlich, wie die Epoche des 19. und frühen 20. Jahrhunderts dahin geführt hat, dass sich Lauf zu einem modernen, leistungsfähigen und attraktiven Gemeinwesen entwickeln konnte. Spätere Generationen haben bis heute daran weitergebaut. Es stimmt, was Landtagspräsident Johann Böhm im Jahr 1998 in das Goldene Buch der Stadt geschrieben hat:

„Eine Stadt, die Lauf heißt, kennt keinen Stillstand.
Sie ist dynamisch und beweglich.
Ich wünsche der Stadt auf ihrem ‘Lauf in die Zukunft’
Kraft, langen Atem und einen sicheren Blick
für das richtige Ziel.“

Quellen und weiterführende Literatur

Literatur für mehrere Kapitel:

Das „Böhmische Salbüchlein" Kaiser Karls IV. über die nördliche Oberpfalz 1366/68. Hrsg. v. Fritz Schnelbögl. München u. Wien, 1973 (Veröffentlichungen des Collegium Carolinum, Bd. 27)

Historischer Atlas von Bayern. Teil Franken, Reihe I, H. 14: Lauf-Hersbruck. Bearb. v. Wilhelm Schwemmer und Gustav Voit. München, 1967

600 Jahre Glockengießerspital Lauf an der Pegnitz. Hrsg. v. d. Stadt Lauf an der Pegnitz u. d. Altnürnberger Landschaft. Lauf, 1974 (Schriftenreihe der Altnürnberger Landschaft. Bd. XXI)

KARL KOCH: *Das Glockengießerspital zu Lauf a. d. Pegnitz*. Lauf, 1954 (Schriftenreihe der Altnürnberger Landschaft, Bd. II)

WILHELM KRAFT UND WILHELM SCHWEMMER: *Kaiser Karls IV. Burg und Wappensaal zu Lauf.* Nürnberg, 1960 (Schriftenreihe der Altnürnberger Landschaft, Bd. VII)

RENATE KUBLI: *Mühlen und Hammerwerke. Eine Epoche technisch-kultureller Entwicklung am Beispiel der Stadt Lauf.* Lauf, 1986

KARL SAUER: *Geschichte der Stadt Lauf.* Lauf, 1898

FRITZ SCHNELBÖGL: *Lauf-Schnaittach. Eine Heimatgeschichte.* Lauf, 1941 (Volk und Landschaft im Osten Nürnbergs. H. 2)

DERS.: *Mühlen und Hämmer in Lauf a. d. Pegnitz*. Nürnberg, 1964 (Mitteilungen der Altnürnberger Landschaft Jg. 13, Sonderheft)

Laufe – Lauffen – Lauf an der Pegnitz

800 Jahre Stadtgeschichte im Überblick

Die Kunstdenkmäler von Mittelfranken, Bd. XI: Landkreis Lauf an der Pegnitz. Bearb. v. Werner Meyer und Wilhelm Schwemmer. München, 1966

ANNELIESE REBMANN: *Lauf an der Pegnitz in alten Ansichten.* Zaltbommel, 1982

Dorf – Markt - Stadt

Der Laufer Freiheitsbrief 1298

Quellen

Bayerisches Hauptstaatsarchiv München
Kurbayern, Äußeres Archiv Nr. 1139, 4755

Stadtarchiv Amberg
Urkunde Nr. 1

Stadtarchiv Lauf
AO 1, AO 6,
OA Lauf: Burglehen, Landesherrschaft, Marktrecht, Zoll
Sammlung von Urkundenabschriften

Literatur

KARL BOSL: *Die Bayerische Stadt in Mittelalter und Neuzeit.* Regensburg, 1988

DERS.: *Die Reichsministerialität als Träger staufischer Staatspolitik in Ostfranken und auf dem bayerischen Nordgau.* Ansbach, 1941 (69. Jahresbericht des Historischen Vereins für Mittelfranken)

Bosls Bayerische Biographie. 8000 Persönlichkeiten aus 15 Jahrhunderten. Hrsg. v. Karl Bosl. Regensburg, 1983

WILHELM FUNK: *Deutsche Rechtsdenkmäler mit besonderer Berücksichtigung Frankens*. Nürnberg, 1938

FRIEDRICH GRÄF: *Geschichte des Marktes Eschenau.* Ansbach, 1910

Handbuch der Bayerischen Geschichte. Hrsg. v. Max Spindler. 2. Bd. München, 1966. 3. Bd., 2. Teilbd. München, 1971

WILHELM HELD: *Aus der Geschichte des Marktes Eschenau.* Eckental, 1981

Hersbrucker Urbare. Hrsg. v. Rudolf Geiger u. Gustav Voit. Nürnberg, 1965 (Schriftenreihe der Altnürnberger Landschaft, Bd. XI)

EBERHARD ISENMANN: *Die deutsche Stadt im Spätmittelalter.* Stuttgart, 1988

ALFRED JAHREIS: *Die Verfassung und Verwaltung der Stadt Lauf. Von den Anfängen bis zur Zeit der Nürnberger Herrschaft*. Inaugural-Dissertation der Juristischen Fakultät der Friedrich-Alexander-Universität Erlangen-Nürnberg, 1968

RICHARD KLIER: *Nürnberger Landzölle. Der Zolltarif von Lauf aus dem Jahre 1538*. In: Mitteilungen der Altnürnberger Landschaft Jg. 14 (1969)

RICHARD KÖLBEL: *Die Kaiser-„Pfalz" in Lauf*. Zulassungsarbeit für das Lehramt an Höheren Schulen. Erlangen, 1959

Monumenta Zollerana. Urkunden-Buch zur Geschichte des Hauses Hohenzollern. Hrsg. v. Rudolph von Stillfried und Traugott Maercker. Bd. 2. Berlin, 1856

Nürnberg – Geschichte einer europäischen Stadt. Hrsg. v. Gerhard Pfeiffer. München, 1971

Nürnberger Urkundenbuch. Hrsg. v. Stadtrat zu Nürnberg. Nürnberg, 1959 (Quellen und Forschungen zur Geschichte der Stadt Nürnberg. Bd. 1)

WALTER POPP: *Marktrecht – Stadtrecht – Stadtrechtsfragen im Osten, insbesondere die Stadtrechtskreise von Nürnberg, Eger und Prag*. In: Fürther Heimatblätter. N.F. Jg. 28(1978)
MEINRAD SCHAAB: *Geschichte der Kurpfalz. Bd. 1: Mittelalter.* Stuttgart (u.a.), 1988
AUGUST SCHERL: *Verfassung und Verwaltung der Stadt Nabburg bis zum Ausgang des 16. Jahrhunderts*. In: Verhandlungen des Historischen Vereins für Oberpfalz und Regensburg. Bd. 96 (1955)
WERNER SCHULTHEIß: *Die Einwirkung Nürnberger Stadtrechts auf Deutschland, besonders Franken, Böhmen und die Oberpfalz*. In: Jahrbuch für Fränkische Landesforschung Bd. 2, Erlangen, 1936
GUSTAV VOIT: *Der Adel an der Pegnitz 1100 bis 1400*. Neustadt an der Aisch, 1979 (Freie Schriftenfolge der Gesellschaft für Familienforschung in Franken. Bd. 20)
WILHELM WINKLER: *Brauwesen und Braurecht in den Ostgebieten der Nürnberger Landschaft und der Grafschaft Rothenberg*. Inaugural-Dissertation der Juristischen Fakultät der Friedrich-Alexander-Universität Erlangen-Nürnberg, 1974

Unter dem böhmischen Löwen
Die mittelalterliche Blütezeit der Stadt Lauf und ihre Nachwirkungen
Quellen
Bayerisches Hauptstaatsarchiv München
Kurbayern Nr. 1139, fol. 125v
Stadtarchiv Lauf
OA Lauf: Landesherrschaft, Neuböhmen, Zoll
Tschechisches Staats-Zentralarchiv Prag
Archiv der Böhmischen Krone, Urkunde Nr. 428, 429, 430, 434, 436, 437, 473, 474, 475

Literatur
BERNHARD M. BARON: *Der Zug des Magisters Jan Hus 1414 durch die Obere Pfalz*. In: Oberpfälzer Heimat. Bd. 37, Weiden, 1992
Deutsche Geschichte im Osten Europas. Böhmen und Mähren. Hrsg. v. Friedrich Prinz. Darin: Das Mittelalter. Bearb. von Peter Moraw. Berlin, 1993
SIEGFRIED GROTEFEND: *Die Erwerbungspolitik Kaiser Karls IV.* Berlin, 1909 (Historische Studien, Bd. 66)
HANNS HUBERT HOFMANN: *„Böhmische Lehen vom Reich". Karl IV. und die deutschen Lehen der Krone Böhmen*. In: Bohemia. Jahrbuch d. Collegium Carolinum. Bd. 2. München, 1961, S. 112-124.
DERS.: *Karl IV. und die politische Landbrücke von Prag nach Frankfurt am Main*. In: Zwischen Frankfurt u. Prag. Hrsg. v. Collegium Carolinum. München, 1963
ALFRED JAHREIS: *Die Verfassung und Verwaltung der Stadt Lauf. Von den Anfängen bis zur Zeit der Nürnberger Herrschaft*. Inaugural-Dissertation der Juristischen Fakultät der Friedrich-Alexander-Universität Erlangen-Nürnberg, 1968
HANS LIERMANN: *Franken und Böhmen. Ein Stück Rechtsgeschichte*. Erlangen, 1939
HEINRICH PLETICHA: *Franken und Böhmen*. Würzburg, 1990
WILHELM SCHWEMMER: *Kaiser Karl IV. und das Nürnberger Land*. (Mitteilungen der Altnürnberger Landschaft Jg. 27, 1978, S. 1-7)
KARL SEIBT: *Karl IV. Ein Kaiser in Europa*. München, 1978
ADOLF STAMMBERGER: *Die Erwerbspolitik der Burggrafen von Nürnberg in Franken (bis 1361)*. Erlangen, 1932 (Erlanger Abhandl. zur mittleren und neueren Geschichte, Bd. XVI)
HERIBERT STURM: *Des Kaisers Land in Bayern. In: Kaiser Karl IV. Staatsmann und Mäzen*. Hrsg. v. Ferdinand Seibt. München, 1978
KARL WILD: *Baiern und Böhmen. Beiträge zur Geschichte ihrer Beziehungen im Mittelalter.* Regensburg, 1938 (Verhandlungen d. Historischen Vereins von Oberpfalz und Regensburg, Bd. 88)
BENEDIKT WILHELM ZAHN: *Kirchen-, Religions- und Reformationsgeschichte des Nürnbergischen Städtleins Lauf.* Nürnberg, 1781

Von Nürnberg nach Prag
Eine Straße schreibt Geschichte
Quellen
Stadtarchiv Lauf
OA Lauf: Neuböhmen, Zoll
OPS: Goldene Straße

Literatur
HEINRICH ASCHERL: *Geschichte der Stadt und Herrschaft Neustadt a. d. Waldnaab*. Neustadt an der Waldnaab, 1982
HERIBERT BATZL: *Geschichte der Stadt Hirschau.* Hirschau, 1968
ANTON DOLLACKER: *Altstraßen der mittleren Oberpfalz.* In: Verhandlungen des Historischen Vereins von Oberpfalz und Regensburg. Bd. 88 (1938)

Erika Dreyer-Eimbcke: *Alte Straßen im Herzen Europas.* Frankfurt a. M., 1989

Eisenerz und Morgenglanz. Geschichte der Stadt Sulzbach-Rosenberg. Hrsg. v. d. Stadt Sulzbach-Rosenberg. Bd. II. Amberg, 1999

Alfred Höhn: *Die Straßen des Nürnberger Handels.* Nürnberg, 1985

Frantisek Kavka: *Am Hofe Karls IV.* Stuttgart, 1990

Sagenhafte Goldene Straße. Hrsg. v. Förderkreis Deutsch-Tschechische Schulen zwischen Nürnberg und Prag. Altenstadt/Waldnaab, 2000

Petra Vorsatz: *Die Goldene Straße in Ostbayern und Böhmen.* Hrsg. v. Tourismusverband Ostbayern e. V.. Regensburg, o. J.

Von der Ackerbürger- zur Industriestadt

Laufer Geschichte 1806-1918

Quellen

Bayerische Staatsbibliothek München

Cgm 6874/99,2

Stadtarchiv Lauf

A 39-45, 48-49, 247, 295-299, 313, 325, 332-334, 358, 779, 782, 793, 813, 878, 1008-1009, 1389, 1672, 1836-1837, 1974, 2112, 2136, 2309, 2386, 2389, 2394-96, 2434, 2697

Firmenarchiv: Barth, Bankel, Döring, Krug

Gemeindearchiv Günthersbühl: 3/1

Vereinsarchiv: V 27, 40, 61, 71/1, 72/3

Literatur

Anfänge der Laufer Industrie. Geschichte und Geschichten. Hrsg. v. Lions Club Lauf. Lauf, 1991

Einhundert Jahre Gemeindediakonie in Lauf. Hrsg. v. Verein für Gemeindediakonie Lauf a.d. Pegnitz. Lauf, 1993

Einhundertfünfzig Jahre Sparkasse Lauf. Bearb. v. Hagen Wohlleben, Michael Hoenemann u. Anneliese Rebmann (Mitteilungsblatt für Lauf a. d. Pegnitz, Sonderausg. 1985)

Karin Sieglinde Endres: *Die Entwicklung einer Stadtwirtschaft am Beispiel der Stadt Lauf.* Zulassungsarbeit an der Erziehungswissenschaftlichen Fakultät der Friedrich-Alexander-Universität Erlangen-Nürnberg, 1985

Fünfzig Jahre Städt. Werke Lauf. Hrsg. v. d. Stadt Lauf a. d. Pegnitz. Lauf, 1949

Ewald Glückert: *Zeitzeuge dieses Jahrhunderts: Die „Zollschule" in Lauf.* In: Fundgrube. Beilage d. Pegnitz-Zeitung Lauf, Jg. 34 (1993)

Neunzig Jahre Kirche St. Otto in Lauf. Geschichte der katholischen Pfarrgemeinde in Lauf a. d. Pegnitz. Hrsg. v. Kath. Pfarramt Lauf a. d. Pegnitz. Lauf, 1993

Ursula Rochholz: *Der Kunigundentag. Zur Geschichte eines Schulfestes in Lauf a. d. Pegnitz.* Zulassungsarbeit im Fachbereich Erziehungs- und Kulturwissenschaften d. Universität Erlangen-Nürnberg, 1979

Hans Schmidt: *Die Laufer Landwehr.* In: Die Fundgrube. Monatliche Geschichtsblätter d. Pegnitz-Zeitung Lauf. Jg. 5 (1929)

Ders.: *Aus der Geschichte des Gesangvereins Lauf, nun Sängervereinigung Lauf.* In: Die Fundgrube. Monatliche Geschichtsblätter der Pegnitz-Zeitung Lauf. Jg. 8 (1932)

Doris Utzat: *Der „Physikatsbericht für das Landgericht Lauf".* In: Fundgrube. Beilage d. Pegnitz-Zeitung Lauf, Jg. 39 (1998)

Ludwig Walz: *100 Jahre CVJM in Lauf.* Lauf, 1998

Alexander Wilberg: *Die wirtschaftliche Entwicklung der Stadt Lauf an der Pegnitz im 19. Jahrhundert.* Diplomarbeit am Fachbereich Wirtschafts- und Sozialwissenschaften der Friedrich-Alexander-Universität Erlangen-Nürnberg, 1978

Ewald Glückert

geboren 1951 in Erlangen. aufgewachsen in Nürnberg und Beerbach bei Lauf

seit 1970 ehrenamtlicher Archivpfleger des Pfarrarchivs der Evang.-Luth. Kirchengemeinde Beerbach

1982 Bibliothekar im Württembergischen Evangelischen Oberkirchenrat in Stuttgart

seit 1987 Leiter des Stadtarchivs mit Städtischen Sammlungen in Lauf a. d. Pegnitz

Für den Umschlag wurde *Blick zum Judenturm und zum Stadtturm von St. Johannis*, Stadtarchiv Lauf, verwendet

Die Deutsche Bibliothek – CIP-Einheitsaufnahme

Glückert, Ewald:
Fürstendienst und Bürgerfreiheit. Fünf Kapitel der Laufer Geschichte / Ewald Glückert. – Oschersleben: Ziethen, 2001
(ZeitenLauf ; 1)
ISBN 3-935358-30-X

Friedrichstraße 15a, 39387 Oschersleben
Telefon 03949 4396 Fax 03949 500 100
2001

Layout der Schriftenreihe Gilitzer Werbeagentur
Satz und Layout der Ausgabe dr. ziethen verlag
Druck Graphisches Centrum Cuno
ISBN 3-935358-30-X
Gedruckt auf umweltfreundlich gebleichtem Papier.